W0244604

Antara Raiy Frei

Im Garten der Fülle

ein vegetarisches Wildkräuterkochbuch

Himmelschlüssel - Verlag
www.lutschitsch.com

ISBN 978-3-89539-911-4

© bei der Autorin

Der Nachdruck, ausdrucksweise, die fotomechanische Wiedergabe, die Bearbeitung als Hörspiel, die Übertragung durch Rundfunk und Fernsehen, die Übernahme der Daten auf Daten- und Tonträger, die Umwandlung in elektronische Medien, sowie Übersetzung in andere Sprachen dieser und der nach ihr hergestellten Fassungen bedürfen der schriftlichen Genehmigung der Autorin. Jegliche Verwertung, ohne schriftliche Zustimmung der Autorin ist unzulässig und strafbar.

2. Auflage: 2011

Bild & Text: Antara Raiy Frei

Grafik: Fred Fischer

Druck: AALEXX Buchproduktion GmbH

D - 30938 Großburgwedel

Verlag: Himmelschlüssel

A - 5145 Neukirchen

Inhalt

Danke

Dieses Büchlein widme ich meinem wundervollen Mann Peter, der mich immer ermutigt, meinen Weg zu gehen und der mir hilft, dass meine Träume nicht nur Flügel, sondern auch Wurzeln haben. Danke!

Dank sagen möchte ich auch meiner ganzen Familie, die alle immer ein offenes Ohr und ein offenes Herz für mich haben und die sich durch manche meiner Wildkräuterkreationen durchschmecken mussten.

Ganz besonders möchte ich meiner Schwester Elvira danken, für die vielen Stunden Korrektur lesen und für ihre vielen Inspirationen und guten Einfälle sowie Fred Fischer, der mit viel Liebe dieses Büchlein gesetzt und zu dem gemacht hat, was es jetzt ist.

Ein großes Glück in unserem Leben ist, dass wir Karl Lutschitsch und Manfred Seehofer kennen lernen durften, die durch ihr DaSein, ihre wundervollen Ent-Deckungen und EINSichten das Türchen zum Glück ganz weit aufgestoßen haben und die uns immer wieder erleben lassen, dass tiefe Achtung, Staunen, Freude, Lachen, ein Augenzwinkern und ein gesunder Hausverstand lebendige Wunder bewirken.

Vielen Dank auch dem ganzen Nuhrovia - Team für die vielen Lachfältchen, die sie in unsere Herzen und Gesichter gezaubert haben und dafür, dass sie mutig ihre Vision in das Leben bringen. Danke!

Tief verneige ich mich vor „Mutter Natur", die mich erleben lässt, wie schön und voller Wunder das Leben ist, die in Fülle alles für uns Notwendige bereit hält und dass wir strahlen, wenn wir voller Vertrauen unsere Talente leben.

Diese Rezeptesammlung entstand aus meiner großen Freude heraus, mit der Natur zu kochen. Als ich begann, mit Wildkräutern zu kochen, stand ich voller Staunen vor unserer kleinen Wiese vor unserem Haus und sah dort allein über zehn Heilkräuter wachsen. Überall „winkten" mir essbare Pflanzen freundlich zu und ich hatte das Gefühl, ich laufe durch Fülle und überall ist bestens für unser Wohl gesorgt. Die ersten Wildkräutergerichte waren ein Abenteuer für die ganze Familie. Mittlerweile kennen sich auch unsere Kinder in Wald und Wiese gut aus und bei unseren häufigen Spaziergängen „naschen" wir viel.

Natur

Küche

Die Kräuter pur zu essen, ist für uns alle ein reines Vergnügen. Bewusst ein Spitzwegerichblatt zu essen oder eine Huflattichblüte ist einfach wunderbar, die knackigen Blütenstände des Breitwegerichs heißen bei unserer Tochter „ Wiesenlolli“.

Im Alltag gibt es bei uns ganz einfache Gerichte und ich halte mich auch bei den Wildkräutersalaten mit Öl und Essig zurück, damit der wundervolle Eigengeschmack der Pflanzen nicht überdeckt wird.

Aber da ich gerne koche, experimentiere ich viel und wenn liebe Freunde zu Gast sind, gibt es schon einmal ein 5-Gänge-Menü, was mehr Zeit in Anspruch nimmt.

In dieser Rezeptesammlung gibt es auch aufwändige Gerichte. Es können Anregungen sein, selber kreativ mit Wildpflanzen zu kochen.

Da ich eher nach meinem Gefühl koche, habe ich häufig keine exakten Mengenangaben (eine Hand voll, eine Prise etc).

Sie werden beim Kochen bald selbst ein feines Gefühl für ihre Lieblingszusammenstellungen entwickeln. Da ich selber kein Fleisch mag, habe ich hier nur vegetarische Rezepte aufgeführt. Aber Wildkräuter lassen sich herrlich mit den klassischen Gerichten kombinieren und ergänzen. Einfach ausprobieren und durchschmecken! Wenn Sie Freude am Kochen haben, werden Ihnen bald eigene Kreationen einfallen. Mit Wildkräutern kochen macht Freude und Freude öffnet das Türchen für die eigene Phantasie.

Besonders schön ist es für mich hinauszugehen, in der Natur zu sein und meine Wildkräuter für unser Essen frisch zu ernten. Ich genieße die Ruhe, die Vielfalt der Pflanzen um mich herum und komme fröhlich und erfrischt nach Hause. In dieser Stimmung für meine Familie zu kochen ist einfach schön. Ich habe einen ganz anderen Bezug zu den Lebensmitteln, denn sie haben eine „kleine Geschichte". Ob ich an den kleinen Spaziergang denke, bei dem ich die Kräuter erntete oder an den Tag, an dem wir Brombeeren im Wald für unsere Marmelade gepflückt haben oder unser Sohn uns geholfen hat, die Wildkräuter zu Pesto zu verarbeiten…

Alles kleine Geschichten zum Schmunzeln und „warm ums Herz" werden. Und das ist für mich auch kochen: Freude am Zubereiten und gemeinsam essen und ein Stückchen von der Fülle und Freude weiterzugeben, die ich erfahre, wenn ich mit der Natur koche und mich zu Hause fühle.

So erlebe ich das Kochen mit Wildkräutern nicht nur als eine wunderbar einfache Möglichkeit, mit der Familie hochwertige, vitaminreiche und ganz frische Kost zu genießen, die auch noch sehr preiswert ist, sondern ich erlebe auch viel Freude, Ruhe und ein stilles Vergnügen.

Ich finde, das sind viele Gründe, um das Abenteuer „Kochen mit Wildkräutern und Wildpflanzen"

zu starten.

Einige Regeln beim Sammeln von Wildkräutern sollte man allerdings einhalten:

Hinweise zum Sammeln von Pflanzen und Früchten in der Natur:

- Seien Sie behutsam im Umgang mit den Pflanzen und ernten Sie nur so viel wie nötig.
- Schauen Sie, ob sich an der Erntestelle noch genügend Pflanzen zum Weitervermehren befinden.
- Pflücken Sie keine Pflanzen, die unter Naturschutz stehen.
- Nehmen Sie zum Transport keine Plastiktüten. (Nehmen Sie Papiertüten, Leinenbeutel oder Weidenkörbchen.)

1. Sammeln Sie nur Pflanzen, die Sie kennen!

2. Sammeln Sie nur an sauberen Stellen. (Nicht an Straßen, nicht auf Wiesen und Parkanlagen, die chemisch gedüngt werden oder die mit Unkrautbekämpfungsmittel behandelt werden. Im Zweifelsfall fragen!)

3. Bei Allergieanfälligkeit erst einmal Verträglichkeit testen.

4. Sammeln Sie nur gesunde Pflanzen.

Und nun wünsche ich Ihnen viel Spaß beim Abenteuer

„Wildkräuterküche"!

Natürlich gibt es sehr viel mehr essbare Wildpflanzen, als ich in meinem Kochbuch verwendet habe. Hier ist wiederum für Kreativität und für das Ausprobieren neuer Zusammenstellungen Platz.

Für diejenigen, die noch nie mit Wildkräutern gekocht haben, empfehle ich, erst einmal mit den "guten Dreien" anzufangen. Das sind: Brennnessel, Giersch und Vogelmiere. Aus diesen lassen sich schon sehr gesunde, schmackhafte Gerichte zaubern.

Ergänzt werden könnten diese Kräuter mit Kressesorten, Schafgarbe, Bärlauch, Wegerichsorten, Löwenzahn, Gänseblümchen und wohlbekannten Wildbeeren. Sie sind gut bekannt und leicht zu bestimmen.

Häufig erkennt man am Geschmack der Pflanze, zu welchem Gericht sie passen könnte. Auch hier ist es ratsam, auf die eigenen Vorlieben zu achten und die aufgeführten Rezepte zu variieren.

Mittlerweile gibt es sehr viele gute Wildkräuterbücher auf dem Markt. Ich empfehle Ihnen, sich vor dem Verzehr der Pflanzen auch mit deren Inhaltsstoffen, ihren überlieferten Heilwirkungen, aber auch mit ihren eventuellen Nebenwirkungen, z.B. Allergieauslöser oder aber phototoxischen Wirkungen, wie sie zum Beispiel bei Johanniskraut, Schafgarbe oder dem Wiesenbärenklau der Fall sein können, vertraut zu machen.

Im Zweifelsfall bitte ich Sie auf den Verzehr solcher Pflanzen zu verzichten oder aber mit Ihrem Hausarzt zu sprechen.

Einige häufig verwendete Wildkräuter sowie eventuelle Verwechslungsmöglichkeiten mit giftigen Pflanzen habe ich am Ende des Buches beschrieben. Weiterhin finden Sie eine Auflistung wichtiger hoch giftiger und giftiger Pflanzen sowie einige essbare Wildblüten und Blumen.

Kleine Tipps:

Beim Kochen mit Wildkräutern sollte man beachten, dass Wildkräuter häufig einen ausgeprägten Eigengeschmack haben. Deshalb ist hier weniger mehr.

Ich verzichte bei der Zubereitung von Wildkräutern auf Kochgeschirr aus Eisen. Manche Wildkräuter reagieren mit dem Eisen und es kommt zu unliebsamen Geschmacksveränderungen.

Sollten Sie Wildkräuter für Tees, Tinkturen oder Bäder sammeln wollen, richten Sie sich bitte nach der Sammelzeit (Tages- und Jahreszeit), die in einschlägiger Literatur angegeben ist.

Für die Wildkräuterküche können die Pflanzen so verwendet werden, wie ich es in der Legende angegeben habe.

Wenn ich Wildkräuter sammle, schüttle ich kleine Insekten und Käfer schon an der Sammelstelle ab. Später lege ich sie noch einmal auf ein weißes Tuch (empfiehlt sich vor allem bei Doldenblüten). So kann ich kleine „Krabbeltierchen“ schnell erkennen und sie landen nicht im Kochtopf.

Tipps zum Beziehen
von guten Lebensmitteln:

Bitte benutzen Sie qualitativ hochwertige Produkte zum Kochen. Sie werden feststellen, wenn Sie mit Wildkräutern und naturbelassenen Lebensmitteln kochen, benötigen Sie viel weniger. Der Körper hat durch die guten Lebensmittel ausreichend Vitamine, Mineralien und auch Sonnenlicht (wichtig z. B. für die reibungslose Zellkommunikation und für unser seelisches Gleichgewicht). Ich habe durch das Kochen mit Wildkräutern, hochwertigem Salz, Wasser, Zucker, Öl und Butter festgestellt, dass ich viel weniger Lust auf fettige Speisen, Süßigkeiten, Kuchen und Eis habe. Und ich bin fröhlicher und auch belastbarer. Wie heißt der gute Spruch? „In einem gesunden Körper, wohnt auch ein gesunder Geist!"

Gesunde Lebensmittel erhält man im Bioladen, Reformhaus. Guten Zucker (z. B. Mascobado - Zucker) erhält man auch im „Eine Welt - Laden".

Obst und Gemüse aus der Region kaufe ich auf dem Wochenmarkt. Hier gibt es Bioprodukte und Produkte von Kleingärtnern, die ohne Chemikalien ihr Gemüse und ihr Obst anbauen. Einfach mal fragen und die Ohren offen halten.

Es gibt auch gute Bio-Versandhäuser (z.B. „Der blaue Planet“: www.blauer-planet.de) oder in vielen Regionen gibt es die gute Einrichtung, dass Biogemüse wöchentlich auf Wunsch nach Hause gebracht wird (die „Grüne Kiste“).

Gutes Wasser findet man mancher Ort`s direkt vor der „Haustür“, es gibt noch viele gute Quellen (einfach mal im Umweltamt nachfragen). Gutes stilles Wasser, z. B Lauretana, ist in Bioläden und auch schon in großen Getränkemärkten zu finden und hat eine sehr gute Qualität.

Weißzucker ist erwiesener Maßen ungesund, aber es gibt beste Alternativen, z. B. Agavendicksaft, Ahornsirup, Rübensirup, Melassezucker, Rohrzucker. Bei Öl achte ich darauf, dass es wirklich eine sehr gute Qualität hat und kaltgepresst ist. Diese guten Öle findet man im Bioladen. Hier kann man auch alle Infos über die Herstellung, das Ursprungsland und darüber bekommen, welches Öl sich zum Erhitzen eignet und welches für den Salat. (Ein sehr schönes, auch preislich gutes Olivenöl ist z. B. das „Bio-King“ aus Kreta, es hat sechs Goldmedaillen bekommen und hat einen schönen, vollen Geschmack, das „Heiße Öl“ von Crudigno eignet sich bestens zum stark Erhitzen.)

Es lohnt sich, in seiner Region nach Bezugsquellen für naturbelassene Nahrungsmittel Ausschau zu halten. Ihre Gesundheit und Ihre Familie werden es Ihnen danken.

Viele wertvolle Hinweise und Hintergrundinformationen zur Ernährung sowie mit viel Liebe und Können hergestellte Produkte zur Gesunderhaltung von Körper, Geist und Seele erhalten Sie bei „Nuhrovia“, Österreich. (Infos unter **www.nuhrovia.com**)

Absolut lohnenswert!

Vorspeisen

Viele herkömmliche Salate (seien es Blattsalate, Eier-, Nudel-, Reis oder Schichtsalate) lassen sich wunderbar mit Wildkräutern zubereiten. Zu jeder Jahreszeit gibt es Wildkräuter, die man ernten kann. Bei einem Salat sollte man jedoch darauf achten, sehr junge Kräuter zu pflücken. Die älteren Pflanzen eignen sich eher zur Zubereitung von Wildkräutergemüse.

Aus Wildkräutern kann man wunderbare Pestos herstellen. Hier sind der Kreativität kaum Grenzen gesetzt. Einfach einmal verschiedene Kräutermischungen ausprobieren. Die Zugabe von Nüssen, Parmesankäse oder Mandeln verfeinert das Aroma. Zum Pürieren der Kräuter eignen sich herkömmliche Pürierer. Allerdings entwickeln sie beim Pürieren eine beträchtliche Hitze, die den Inhaltsstoffen schadet. Bei der Verarbeitung von Wildkräutern und Wurzeln,Gemüse, Obst und Samen verwende ich den Multientsafter „Bionika Entsafter Classic DA - 900. Man kan mit ihm schonend und leicht Pestos, Nudeln, Marmeladen, Säfte, Liköre herstellen und Gewürze, Wurzeln und Nüsse mahlen. Bezugsquelle unter: **www.bionika.de**".

Sollte man oft Marmeladen, Säfte oder Pesto herstellen, eignet sich die Anschaffung bestimmt. Ansonsten tut es ein einfacher Pürierer auch.

Auch Aufstriche lassen sich mit Wildkräutern veredeln. Quark oder Frischkäse mit Wildkräutern, Gänseblümchen, Borretschblüten, Gundelrebeblüten etc. schmecken sehr gut.

Viele Wildkräuter und Wildgemüsesorten lassen sich in Bierteig ausbacken oder können in einen herzhaften Pfannkuchenteig eingebacken werden. (Fein schmeckt auch die Zugabe von Schwarzkümmel, dem Samen der „Jungfer im Grünen“, zu den Pfannkuchen.) Klassisch zum Ausbacken sind Holunderblüten und die Dolden der reifen Holunderbeeren, aber auch Blaubeeren, Felsenkirsche, Brennnesseln, Gierschblätter, Salbei, Wegerichsorten, junge Buchen- und Birkenblätter, Glockenblumen, Löwenzahnblüten, Schaumkräuter, Wilde Möhre, Bärlauch, Mädesüß… eignen sich hervorragend.

Das Schöne am Kochen mit Wildkräutern ist, dass man herrlich variieren kann und die ganz einfachen, preiswerten Gerichte köstlich schmecken.

Hauptgerichte

Die Hauptgerichte müssen nicht immer so aufwändig sein. Häufig gibt es bei uns im Alltag schnelle Gerichte.

Zum Beispiel reicht es, frische Pellkartoffeln mit einem Wildkräuterquark zu reichen. Oder zu Kartoffeln gibt es eine Kräutersauce aus verschiedenen pürierten Kräutern in einer Bechamelsauce, Rühreier und einen leckeren Salat. Verschiedene Reissorten oder Getreidesorten können gut mit Gemüse und Kräutern variiert werden. Auch alle Nudelsorten schmecken wunderbar mit Olivenöl, getrockneten Tomaten, Knoblauch und verschiedenen Wildkräutern.

Wildkräuter bieten so viel kreative Variationsmöglichkeiten und der kreativen Kochlust sind wenig Grenzen gesetzt.

Es empfiehlt sich, nicht zu viele Kräuter zu mischen und die Kräuter und das Wildgemüse erst kurz vor dem Fertigkochen zuzugeben.
Sehr lecker sind auch herzhafte Pfannkuchen mit Wildkräutern oder -blättern. Auch können Fertigburgermischungen wunderbar mit frischen Wildkräutern verfeinert werden.

Getränke

Bei der Zubereitung von Säften, Sirup und Likören ist es sehr wichtig, wirklich qualitativ hochwertige Zutaten zu nehmen: Sehr guten Zucker (z.B. Billigton`s naturbelassener Melassezucker, Rohrzuckersorten, am besten aus dem Bioladen), sehr gutes Wasser (Quellwasser, Lauretana oder ein anderes sehr gutes stilles Wasser, sehr guten Ansatzschnaps, vollreife, einwandfreie unbehandelte Früchte, Kräuter aus einer unbelasteten Gegend, einen guten Honig, Agavendicksaft oder Ahornsirup…). Auch hier kann man verschiedene Kräuter- oder Fruchtsorten miteinander kombinieren.

Frühlingskräutersalat mit gegrilltem Ziegenkäse

Zutaten:
(für vier Personen)

- z.B. Giersch, ganz junge Brennnesseln (Damit sie nicht im Mund brennen, kurz blanchieren.), junge Löwenzahnblätter und -blüten, Gundelrebe mit Blüten, Scharbockskrautblätter, Veilchen, Gänseblümchen, junge Buchenblätter oder Birkentriebe (schmecken beide sehr lecker), Kressesorten, Schaumkräuter, Spitzwegerich und Hirschgeweihwegerich
- Sauerampfer, junges Labkraut, Bärlauch, Hirtentäschel, Klee, weiße Taubnesselblüten und junge Blätter, Huflattichblüten und junge Blätter
- Knoblauchrauke, Löffelkraut, wilder Rapunzel, Schafgarbe, Pestwurz, Gänsefingerkraut
- gutes, kaltgepresstes, natives Öl
- gutes Salz
- Rohrzucker oder anderen guter Zucker (im Bioladen erhältlich)
- Orangensenf oder den Saft von einer halben Orange
- 1 Esslöffel Senf
- Apfelessig oder einen anderen guten Obstessig (z. B. Himbeeressig)

- 1 Rolle frischen Ziegenkäse
- 2 Esslöffel Agavendicksaft oder Honig
- 4 Walnusshälften

Zubereitung:
Die gesammelten Wildkräuter vorsichtig waschen und grob hacken, in einem Sieb abtrocknen lassen. In der Zwischenzeit die Vinaigrette zubereiten: Öl, Essig, Orangensenf, Salz und Zucker vermengen und mit einem Schneebesen aufschäumen. (Statt der Orangenvinaigrette kann man auch Himbeervinaigrette mit Himbeeressig und Himbeersaft mit Senf vermischt nehmen). Die Vinaigrette halbieren. In dem einen Teil die Wildkräuter wenden. Den anderen Teil in einem Kreis auf die Teller gießen. Die Kräuter auf den Vinaigrettekreis geben. In der Mitte Platz für den Ziegenkäse lassen. Die Walnusshälften ohne Öl rösten und in Honig oder Agavendicksaft wenden. Den Ziegenkäse in wenig Öl braten, mit Agavendicksaft oder Honig beträufeln. Noch warm in das Wildkräuternest geben. Mit der Walnusshälfte dekorieren und mit den Blüten der Wildkräuter. Dazu Brot reichen.

Mit Giersch und jungen Brennnesseln gefüllte Tomaten auf Wildkräuterpesto mit geröstetem Knoblauchbrot

Zutaten:
(für vier Personen)

- 1 Hand voll Gierschblätter und junge Brennnesselblätter
- gutes Öl
- gutes Salz und Pfeffer
- Muskatnuss
- 1 Esslöffel Mascarpone oder Schmand (bei Milchunverträglichkeit kann man es auch weglassen)
- frische Petersilie
- 4 Tomaten
- Wildkräuterpesto
- 2 Knoblauchzehen
- 4 Scheiben Weißbrot

Zubereitung:
Tomaten waschen und aushöhlen. Inhalt der Tomaten in ein Schälchen legen. Giersch- und Brennnesselblätter hacken, mit Salz, Pfeffer und Muskatnuss würzen und in Öl dünsten. Mit Mascarpone oder Schmand abschmecken, frisch gehackte Petersilie zugeben. Al-

les mit dem Tomateninneren mischen.
Die ausgehöhlten Tomaten kurz anbraten und dann mit der Wildkräuter - Tomatenfüllung füllen. Auf vier Teller das Wildkräuterpesto verteilen und in die Mitte die gegrillte Tomate setzen.
(Herstellung des Wildkräuterpesto siehe Fingerfood - Gerichte oder im Bioladen kaufen)

Für das Knoblauchbrot vier Scheiben Weißbrot schneiden. Butter mit den zwei gepressten Knoblauchzehen mischen. Brot toasten und auf das noch heiße Brot die Knoblauchbutter streichen.

Bärlauchnestchen mit Amaranth-Wildkräutermischung an in Teig gebackene Brennnessel- und Bärlauchblätter

Zutaten:
(für vier Personen)

- 16 große Blätter Bärlauch
- 6 gehackte Blätter Bärlauch
- gehackte Frühlingskräuter
- gutes Salz und Pfeffer
- Amaranth
- 1 Frühlingslauchzwiebel
- Gemüsebrühe
- 8 Brennnesselblätter
- Pfannkuchenteig

Zubereitung:
Die 16 Bärlauchblätter in Öl wenden. Wildkräuter waschen, fein hacken und trocknen lassen. Amaranth in der Gemüsebrühe weich kochen (man kann auch Wildreis, Reis oder ein anderes leichtes Getreide verwenden). Frühlingszwiebel mit Lauch fein schneiden, anschwitzen und zu dem fertigen Amaranth geben. Mit Salz und Pfeffer abschmecken. Die Wildkräuter untermischen. Alles in eine Tasse füllen, fest drücken und auf einen Teller stürzen.

Vier Bärlauchblätter zur Seite legen. Die restlichen zwölf leicht anbraten und dann um den Reis legen. (Wenn vorhanden, eignen sich für die Herstellung der Nestchenform Anrichteförmchen, in die der Amaranth gefüllt wird. Anrichteförmchen erst mit dem Bärlauch auslegen, dann den Amaranth einfüllen und festdrücken.) Vier Bärlauchblätter und die Brennnesselblätter in dem Pfannkuchenteig wälzen, dann in einer Pfanne mit heißem Öl ausbacken. Die frittierten Blätter um das Bärlauchnestchen drapieren.

Pfannkuchenteig

- 50 g Weizenmehl
- eine Prise Salz
- 1 Esslöffel geschmolzene Butter
- 3 - 4 Esslöffel Milch
  (der Teig muss schön cremig sein)
- 1 Ei
- 1 Prise Schwarzkümmel (wenn vorhanden) Alles schaumig rühren.

Im Übrigen schmecken frittierte Brennnesselblätter auch als Hauptgericht wunderbar zu Wildkräuterkartoffelbrei.

Bärlauchsuppe mit frischer Sahne und gegrillter Cocktailtomate

Zutaten:
(für vier Personen)

- 750 g Kartoffeln
- 4 Cocktailtomaten
- 1 kleine Zwiebel
- Butter
- 1 l Gemüsebrühe
- 1 Hand voll frische Bärlauchblätter (oder 3 Esslöffel Bärlauchpesto)
- gutes Salz
- frischer schwarzer Pfeffer
- 1/8 l süße geschlagene Sahne
- 1 Messerspitze roten gemahlenen Paprika
- Croutons

Zubereitung:
Die Kartoffeln schälen, waschen und würfeln. Die Zwiebel fein schneiden und in Butter glasig dünsten. Die Kartoffelstücke dazugeben. Gut umrühren und fünf Minuten mit den Zwiebeln weitergaren lassen.

Nun die Gemüsebrühe dazugeben. Die Suppe ungefähr zwanzig Minuten köcheln. Wenn die Kartoffeln weich sind, die gehackten Bärlauchblätter hinzufügen. Alles gut pürieren. Mit Salz und Pfeffer abrunden.

Die geschlagene Sahne mit dem roten Paprika würzen. Die Cocktailtomaten anbraten.

Die Suppe in vorgewärmte Suppenteller füllen.
Die süße Sahne auf die Suppe dekorieren. In die Mitte die gegrillte Tomate setzen. Nach Wunsch mit fein gehackten Bärlauchblättern dekorieren.

Mit Croutons servieren. Mit Zitrone beträufelt schmecken sie besonders gut.

Neunkräuter - Frühlingssuppe

Zutaten:
(für vier Personen)

- 500 g Kartoffeln
- 1 Zwiebel
- 1 zerdrückte Knoblauchzehe
- 1 l Gemüsebrühe
- gutes, kaltgepresstes, natives Olivenöl
- gutes Salz und Pfeffer
- junge Gierschblätter
- junge Brennnesselspitzen
- Schaumkrauttriebe
- verschiedene Kressesorten
- Vogelmiere
- junge Schafgarbeblätter
- Wiesenknöterich
- einige Blätter Scharbockskraut
- Löffelkraut

Zubereitung:
Kartoffeln schälen, schneiden und würfeln.
Die Zwiebel ebenfalls klein schneiden und in einem großen Topf in ein wenig Olivenöl glasig dünsten. Die Kartoffeln dazugeben und auch im Olivenöl dünsten.

Nach ca. fünf Minuten mit der Gemüsebrühe ablöschen. Zwanzig Minuten kochen, bis die Kartoffeln schön weich sind.
In der Zwischenzeit die Wildkräuter waschen und hacken. Jetzt die Kräuter und den Knoblauch zur Suppe geben. Alles pürieren. Man kann auch erst die Suppe ohne Kräuter pürieren und zum Schluss die Kräuter hinzufügen und kurz aufkochen. So bleiben die Vitamine besser erhalten.
Nach Bedarf mit Salz und Pfeffer verfeinern.

Es schmeckt auch sehr gut, einen Schuss Olivenöl mit in die Suppe zu geben. Die Suppe schmeckt mit körnigem Vollkornbrot sehr gut.

Suppenkreationen (Frühling)

Kresseschaumsüppchen mit Schaumkräuterspitzen und Sesam

Zutaten:
(für vier Personen)

- 2 Esslöffel gerösteter Sesam
- 1 Esslöffel Butter
- 1 Esslöffel Mehl
- ½ l Gemüsebrühe
- 200 ml trockener Weißwein
- 2 Hand voll frische Kressesorten (Gekaufte Kresse kann man auch nehmen. Man rechnet zwei Packungen.)
- 150 ml Sahne
- gutes Salz
- Pfeffer
- abgeriebene Schale einer unbehandelten Zitrone
- kleingehackte Schaumkräutertriebe (Wenige, denn die Schaumkräuter sind sehr scharf und sind dem Meerrettich im Geschmack ähnlich.)

Zubereitung:
Butter erhitzen. Mehl anschwitzen und mit Gemüsebrühe und Weißwein aufgießen. Einige Minuten köcheln lassen, bis die Suppe schön sämig ist. Immer wieder umrühren.

Die Wiesenkresse fein schneiden. Ein wenig für die Deko beiseite stellen. Die restliche Kresse in die Suppe geben.
Zum Schluss die Sahne zugießen, mit Pfeffer, Salz und der abgeriebenen Zitronenschale würzen. In vorgewärmte Teller füllen.

Mit der restlichen Kresse und den fein gehackten Schaumkräutertrieben dekorieren.

Hauptgerichte (Frühling)

Grüne Spargelstangen mit gerösteten Pinienkernen auf einem Wildgemüsebett und Frühlingskartoffeln

Zutaten:
(für vier Personen)

- 1 Kilo grüner Spargel
- gutes Salz und Pfeffer
- 1 Prise Muskatnuss
- 1 Hand voll geröstete Pinienkerne
- 150 g Butter
- Saft einer halben Zitrone
- 1 Kilo Frühlingskartoffeln
- Wildgemüse: z. B. frischer Giersch, Brennnesselspitzen, einige Gundelrebeblätter, ein - zwei Löwenzahnblätter, einige Spitzwegerichblätter, junge Huflattichblätter etc.
- 1 Bund frische Petersilie
- Olivenöl

Zubereitung:
Die Kartoffeln waschen und mit der Gemüsebürste die zarte Schale putzen. Wer will, kann die Kartoffeln schälen. Jedoch geht beim Putzen mit der Bürste die Schale auch zum großen Teil ab und die Nährstoffe

bleiben erhalten. In Salzwasser weich kochen, abgießen und trocken schwenken.

Den Spargel sehr gut waschen. Vor allem um das Köpfchen herum. (Dort versteckt sich der meiste Sand.) Frisch anschneiden.
In einem Spargeltopf die Spargelstangen ca. 15 min. kochen, bis sie zart sind (Gabeltest oder kosten). Während der Spargel gart, das Wildgemüse hacken und in Olivenöl andünsten, mit Salz, Pfeffer und der Muskatnuss abschmecken. Die Petersilie klein hacken und die Hälfte zum Wildgemüse geben. Das Wildgemüse mit einigen Spritzern Zitrone mischen. Die Pinienkerne rösten.
Über die Kartoffeln die restliche Petersilie streuen. Butter bräunen. Das Wildgemüse auf die Teller verteilen, den Spargel darauf legen. Mit der braunen Butter übergießen, mit den Pinienkernen bestreuen und die Frühlingskartoffeln dazu servieren.

Spaghetti mit Wildkräuterspinat und getrockneten Tomaten

Zutaten:
(für vier Personen)

- 500 g Spaghetti
- gutes Salz und Pfeffer
- Muskatnuss
- 1 zerdrückte Knoblauchzehe
- Olivenöl
- 1 kleine Frühlingszwiebel
- 4 getrocknete und in Öl eingelegte Tomaten
- 1 Hand voll Wildspinat aus jungen Brennnesselblättern, Giersch, zarten Huflattichblättern, ein wenig Knoblauchrauke, Bärlauch und Taubnessel

Zubereitung:
Spaghetti wie gewohnt in siedendem Salzwasser bissfest kochen. In der Zwischenzeit die Zwiebel, das Wildgemüse und die eingelegten Tomaten fein schneiden. Die Zwiebel in Öl glasig dünsten, das Wildgemüse dazugeben. Unter Rühren weiter dünsten, den Knoblauch und die getrockneten und eingelegten Tomaten hinzufügen.

Einen Esslöffel Öl nachgießen, alles mischen. Mit Muskatnuss, Salz und Pfeffer abschmecken.

Die Spaghetti mit dem Wildgemüse mischen. Auf vorgewärmte Teller geben und servieren.

Hauptgerichte (Frühling)

Gemischter Reis mit jungen Wildstängeln, Kohldistelblättern und Frühlingsgemüse mit Rapunzelsalat

Zutaten:
(für vier Personen)

- 2 Tassen Reismischung mit Wildreis
- 1 Zwiebel
- 1 zerdrückte Knoblauchzehe
- Olivenöl
- Arganöl
- 1 l Gemüsebrühe
- Apfelessig
- gutes Salz
- frisch geriebenen Ingwer
- ½ Teelöffel Reis - Masala aus Koriander, Nelken, Kardamom, Zimt, Muskatnuss, Vanille (gibt es fertig gemischt im Bioladen zu kaufen)
- die Stängel von zwei ganz jungen Kohldisteln, vom Bocksbart ab Anfang Mai (wenn die Knospe noch geschlossen ist) und Huflattichblütenstängel von Anfang März bis spätestens Anfang Mai. Wenn man Bocksbart und Huflattich zusammen verwenden möchte, kann man auch auf die Stängel der jungen Huflattichblätter ausweichen.

- 2 junge Karotten
- 1 kleine Zucchini
- die jungen Blätter der Kohldistel
- einige junge Buchen- und Birkenblätter
- die Blüten vom Huflattich
- 1 große Hand voll frische Rapunzel, Postelein und Vogelmiere

Zubereitung:
Die Zwiebel schälen und fein schneiden. In einen Topf ein wenig Olivenöl füllen, erhitzen. Masala und Zwiebeln hinzugeben. Unter Rühren den gewaschenen Reis in das Öl geben. Den geriebenen Ingwer hinzufügen. Gut umrühren und mit Gemüsebrühe ablöschen.

Den Reis leise köcheln lassen und bissfest kochen (bei Bedarf Wasser nachgießen). In der Zwischenzeit die Blätter von der Kohldistel zupfen, Blüten vom Bocksbart und dem Huflattich entfernen. Die Stängel in kleine Stücke schneiden. In Olivenöl und Knoblauch braten.

Die Karotten putzen und fein raspeln, die Zucchini ebenfalls raspeln. Beides zu den Stängeln geben. Mit wenig Gemüsebrühe ablöschen und zehn Minuten köcheln lassen.

Die Blätter der Kohldistel und die jungen Buchen- und Birkenblätter und die Knospen vom Bocksbart fein schneiden. Für zwei Minuten zum Gemüse in die Brühe geben.
Die Gemüsebrühe abgießen und den fertigen Reis unter das Gemüse heben.

Nun den Salat anrichten:
Rapunzel, Postelein und Vogelmiere waschen. Die Rapunzeln von den Wurzeln befreien. Abtropfen lassen. Den Salat in eine Schüssel geben und mit Arganöl und Apfelessig anrichten. Die Blüten des Huflattichs zupfen und über den Salat geben.

Dessertvarianten (Frühling)

Walnusseis mit Löwenzahnblüten-honig und Honignüssen

Zutaten:
(für vier Personen)

- 1 Packung Walnusseis
- 8 Esslöffel Löwenzahnblütenhonig
- 2 Löwenzahnblüten für die Deko
- 16 halbe Walnüsse

  Für den Löwenzahnblütenhonig
  benötigt man: (für ca. 3 Gläser)
- 700 - 800 Löwenzahnblüten (klingt viel, aber im Frühling sind die Wiesen oft mit Löwenzahnblüten übersät und das Pflücken geht schnell)
- 1 kg besten Rohrzucker
- 6 unbehandelte Zitronen
- einige Stängel Zitronenmelisse

Zubereitung:
Löwenzahnblütenhonig:
Die Löwenzahnblüten und die Melisse waschen. Die Zitronen in Scheiben schneiden. Die Löwenzahnblüten mit der Melisse in ein hohes Gefäß geben (kein Metall, gut eignen sich Tontöpfe und Glasgefäße). Den Zucker darüber streuen und die Zitronenscheiben

darauf legen. Alles mit abgekochtem, noch heißem Wasser (höchstens siebzig Grad, damit sich die Inhaltsstoffe erhalten) übergießen, so dass die Blüten und die Zitronen bedeckt sind. Bitte auf die Wasserqualität achten. Gut eignen sich Lauretana - Wasser, Quellwasser oder ein anderes hochwertiges Wasser. Der Löwenzahnblütenhonig ist nicht nur lecker, er ist auf Grund seiner Wirkstoffe auch ein altes Hausrezept und wurde als Stärkungsmittel bei Erkältungskrankheiten und bei grippalen Infekten eingesetzt.
Das Gefäß mit den Blüten zugedeckt an einen sonnigen Ort stellen und zwei Tage ruhen lassen.

Danach alles durch ein sauberes Leinentuch gießen und die Flüssigkeit auffangen. In einem großen Topf aufkochen und mit noch einmal 250 g bestem Zucker mischen. Alles gut umrühren, bis der Zucker sich aufgelöst hat. Nun leise köcheln lassen, gelegentlich umrühren, bis die Flüssigkeit eindickt. Sie ist erst goldgelb und wird dann braun. Ruhig auf über die Hälfte eindicken lassen. (Immer mal wieder ein Löffelchen auf eine Untertasse geben und kalt werden lassen, um zu sehen, wie weit der Honig schon eingedickt ist.)

Nach ca. 2 Stunden ist der Honig fertig. Heiß in saubere Schraubgläser füllen.

Für das Dessert die Walnusshälften in eine Pfanne ohne Fett geben. Mit zwei Esslöffeln Löwenzahnblütenhonig überziehen und karamellisieren. Abkühlen lassen.
Das Eis auf vier Teller portionieren. Großzügig mit Löwenzahnblütenhonig beträufeln.
Je 4 karamellisierte Walnusshälften dazulegen. Frische Löwenzahnblüten zupfen und die kleinen Blütenblätter über die Sauce streuen.

Dessertvarianten (Frühling)

Feines Erdbeerschaumsüppchen mit Waldmeister und einer Erdbeere im Schokoladenmantel

Zutaten:
(für vier Personen)

- 500 g frische, vollreife Erdbeeren
- ½ Tasse Holunderblütensaft
- Agavendicksaft, um nach Belieben zu süßen
- 6 Stängel Waldmeister
- ¼ l süße Sahne
- 100 g dunkle Bioschokolade
- 1 Päckchen Vanillezucker

Zubereitung:
Vier Waldmeisterstängel für die Dekoration kühl oder in einem feuchten Tuch lagern. Zwei Waldmeisterstängel antrocknen lassen, damit sie ihr Aroma voll entfalten können. Dann den angetrockneten Waldmeister für eine Stunde in den Holundersaft geben. Den Holunderblütensaft abseihen.

Die Erdbeeren waschen, von den Blättchen befreien und halbieren (vier Erdbeeren zurückbehalten). Die Erdbeeren pürieren, den Holundersaft hinzufügen und nach Belieben süßen. Alles kalt stellen. Für die Erdbeeren im Schokoladenmantel einen großen und einen kleineren Topf bereitstellen. In dem großen Topf Wasser zum Kochen bringen. Den kleineren Topf hineinstellen und die in kleine Stücke gebrochene Schokolade hineinlegen. Zum Schmelzen bringen (die Schokolade darf nicht zu heiß werden, sonst gerinnt sie und es dürfen keine Wasserspritzer in die Schokolade kommen.) Wenn die Schokolade geschmolzen ist, die Früchte auf einen Zahnstocher spießen und in der Schokolade wenden, bis sie ganz mit Schokolade überzogen sind. Trocknen.

In der Zwischenzeit die Schlagsahne steif schlagen und mit Vanillezucker süßen. Die kalte Erdbeersuppe in Glasschalen oder tiefe Teller füllen.

Die Sahne in einen Spritzbeutel füllen und in die Mitte der Erdbeersuppe spritzen. Darauf die Erdbeere im Schokoladenmantel setzen und jeweils mit einem frischen Stängel Waldmeister dekorieren.

Dessertvarianten (Frühling)

Kokoscreme an einer Veilchen-Holunderblütensauce

Zutaten:
(für vier Personen)

Für die Creme:

- 100 g Mascarpone
- 50 g Kokosjoghurt
- 50 g geschlagene süße Sahne
- guten Zucker oder Ahornsirup zum Süßen
- 1 Teelöffel Kokosraspeln
- 1 bis 2 Teelöffel Mandellikör

Für die Sauce:

- 200 g guten Zucker
- 2 Holunderblütendolden
- 10 Duftveilchenblüten (man kann getrocknete verwenden)
- Saft einer halben Orange
- 50 ml Wasser
- einige Spritzer Zitrone
- einige frische Holunderblüten und Veilchen für die Dekoration

Zubereitung:
Für die Sauce die von der Dolde gezupften Holunderblüten vorsichtig waschen und mit den Veilchen in einen Topf geben, mit 50 ml Wasser, einigen Spritzern Zitrone und dem Zucker vermischen. Unter Rühren aufkochen lassen und dann köcheln, bis die Flüssigkeit eindickt. Den fertigen Sirup durchseihen, abkühlen lassen und mit dem Orangensaft mischen. Zwei Esslöffel steif geschlagene Sahne unterheben und mit einem Mixer schaumig rühren.

Für die Creme:
Mascarpone und den Joghurt mit dem Zucker oder dem Ahornsirup in ein hohes Gefäß geben. Den Mandellikör hinzufügen. Auf höchster Stufe vermixen. Die steif geschlagene Sahne und die Kokosraspeln unterheben.

Auf vier Teller die Blütensauce geben. In die Mitte mit einem Eisportionierer die Creme heben. Mit Kokosraspeln und frischen Blüten bestreuen.

Fingerfood (Frühling)

Wiesenbrot mit Kapuzinerkresse, Sauerampfer und Radieschen

Zutaten:
(für ca. 4 Personen)

- 4 Scheiben gutes Vollkornbrot
- Butter oder Quark
- Wildkräuter: z.B. Pimpinelle, Sauerampfer, Schafgarbe, Spitzwegerich, Gänseblümchen, Wiesenknöterich, Kapuzinerkresse, Gundelrebe

Zum Garnieren:

- 4 Blüten der Kapuzinerkresse, 4 Blüten vom Borretsch oder Glockenblume
- 4 Gänseblümchen- oder kleine Margeritenblüten
- 4 Radieschen, in feine Scheiben geschnitten

Zubereitung:

Vollkornbrotscheiben halbieren, Wildkräuter waschen und fein hacken, mit der zimmerwarmen Butter oder dem gewürzten Quark vermischen. Alles auf das Brot streichen. Jeweils zwei Brothälften auf einem Teller hübsch anrichten, mit den Radieschenscheiben und mit den Blüten garnieren.

Kleine Blätterteigtaschen mit Bärlauchpesto

Zutaten:
(für ca. 4 Personen)

Für das Bärlauchpesto:
- einige Hände frische Bärlauchblätter
- gutes Salz
- 2 Knoblauchzehen
- Olivenöl
- bei Bedarf geriebenen Parmesankäse
- 2 Esslöffel geröstete und
- 2 Esslöffel gemahlene Pinienkerne (man kann auch in einem Bioladen fertiges Bärlauchpesto kaufen)
- tiefgefrorener Blätterteig

Zubereitung:

Bärlauchpesto:
Bärlauch waschen, grob hacken , dann pürieren, mit Salz würzen, die zerdrückten Knoblauchzehen, Parmesankäse, gemahlene Pinienkerne und das Öl dazugeben, sehr gut mischen.

Die Blätterteigplatten in kleine, gleichmäßige Vierecke aufteilen, einen Teelöffel Pesto in die Mitte geben. Leicht antauen lassen und dann die Blätterteigstücke zu „Taschen" formen. Auf ein Kuchenblech geben und bei 220 Grad (Gas Stufe 4 - 5) goldgelb backen.

Getränke (Frühling)

Löwenzahnblütensirup:

Zutaten:
(ca. 4 l)

- 400 Löwenzahnblüten
- 4 unbehandelte Zitronen
- 1 kg Rohrzucker
- gutes stilles Wasser

Zubereitung:
Die Blütenköpfe in ein hohes Gefäß legen (kein Metall oder Plastik). Den Zucker hinzufügen. Vier Liter Wasser abkochen, abkühlen lassen und über die Blüten gießen. Die Zitronen in Scheiben schneiden und dazugeben. Abdecken und zwei Tage an einem warmen Ort ruhen lassen. Dann abseihen und noch einmal auf höchsten 80 Grad erhitzen und in saubere Flaschen füllen, die Flaschen sofort verschließen. Bald aufbrauchen.

Varianten:
- Zu den Löwenzahnblüten einige Blättchen Gundelrebe und Gänseblümchen geben.
- Zu dem Löwenzahn junge Fichtenspitzen (Maiwuchs), zu den Löwenzahnblüten Veilchen geben.

Löwenzahnblütensekt

Zutaten:

- 1 Flasche trockener Sekt
- 1 Tasse Löwenzahnblütensirup
- 10 Duftveilchen

Zubereitung:
In den Löwenzahnblütensirup die Veilchen geben und über Nacht ziehen lassen.
Den eisgekühlten Sekt in einem hohen Glasgefäß mit dem Löwenzahnblütensirup und den Veilchen mischen und sofort servieren.
(Bei Bedarf kann man die Veilchen vorher abseihen.)

Frühlingsaperitif:

Zutaten:

- ½ Liter kohlensäurehaltiges Mineralwasser
- ½ Liter Tschè (Kombucha Getränk)
- Saft von einer halben Zitrone
- 10 Löwenzahnblüten
- 3 Gundelrebeblätter
- 10 Duftveilchenblüten
- 5 Waldmeisterstängel (schon angetrocknet, damit sie ihr Aroma entfalten können)
- Ahornsirup oder Rohrzucker

Zubereitung:
Die Löwenzahnblüten, die Gundelrebeblätter, die Duftveilchen, den Zitronensaft und den Waldmeister mit dem Zucker vermischen und mit Wasser bedecken. Nach vier Stunden den Waldmeister entfernen.

Die anderen Blüten noch mindesten zwei Stunden stehen lassen. Dann die Blüten abseihen. (Dabei die Blüten im Tuch noch einmal ausdrücken.) Nun den Ahornsirup hinzugeben. Mit Tschè und dem Mineralwasser aufgießen. Gekühlt servieren.

Beinwellrouladen mit einer Linsen-Kräutermischung an einer scharfen Kokossauce

Zutaten:
(für vier Personen)

- 8 Beinwellblätter
- gutes Salz
- gutes Bratöl
- 1 Tasse schwarze Linsen
- 1 kleine Porreestange
- 1 kleine Karotte
- Ingwer (am besten frisch)
- Kokosmilch
- Gemüsebrühe
- ¼ l Sahne
- Chili (am besten frisch)
- 1 Orange
- 1 Stück Zitronengras
- 1 Bund frischer Koriander
- einige Blätter Zitronenmelisse
- frische Petersilie

Zubereitung:
Beinwellblätter waschen und in kochendem Salzwasser 2 min. kochen. Auf einem Tuch abtrocknen lassen.

In der Zwischenzeit in der Gemüsebrühe die Linsen zusammen mit der sehr klein gewürfelten Karotte und dem in feine Streifen geschnittenen Porree bissfest köcheln. (Das Gemüse und die Linsen können auch vorher in Öl leicht angebraten werden.)
Linsen mit dem Gemüse abseihen und abtropfen lassen. Die Hälfte vom Koriander und die Petersilie fein hacken und mit geriebenem Ingwer zu den Linsen geben. Den Saft einer halben Orange dazugeben. Alles gut durchmischen und ziehen lassen. Für die Sauce eine Tasse Gemüsebrühe mit einer Messerspitze Chili oder 2 - 3 Ringen Chili und ein wenig frisch geriebenem Ingwer mischen. Fein geschnittenes Zitronengras dazugeben, kochen und mit einer Tasse Kokosmilch ablöschen. Alles durch ein Sieb streichen. Die andere Bundhälfte vom Koriander mit der Zitronenmelisse sehr fein hacken und mit dem Saft der anderen Hälfte der Orange zu der Sauce geben. ¼ l Sahne schlagen und unter die Sauce heben. Die Linsenmischung in die Beinwellblätter wickeln, zu kleinen Röllchen formen. Die Sauce auf die vier Teller verteilen, die Rouladen in die Mitte geben. Mit frischem Koriander den Rand des Tellers bestreuen. Als vollwertiges Essen kann man Basmatireis dazureichen.

Zucchiniblüten gefüllt mit Wildreis und Pfifferlingen auf einem Preiselbeer-Schafgarbebett

Zutaten:
(für vier Personen)

- 4 große Zucchiniblüten
- gutes Salz und Pfeffer
- gutes Bratöl
- Gemüsebrühe
- 1 Knoblauchzehe
- Balsamicoessig
- Saft von einer halben Zitrone
- 1 halbes Pfund Pfifferlinge
- 1 kleine Schalotte
- 2 Esslöffel Schmand
- 1 Tasse Wildreis
- 1 Döschen Preiselbeeren
- 1 Hand voll junge Schafgabeblätter
- Butter
- Petersilie

Zubereitung:
Zucchiniblüten vorsichtig waschen und auf einem Tuch trocknen lassen. Wildreis in Öl anbraten. Mit der

Gemüsebrühe ablöschen und bissfest kochen. Den Reis abseihen und mit der frisch gepressten Knoblauchzehe mischen. Pfifferlinge sehr gründlich waschen und schneiden. (Sie sind oft sehr sandig.) Abtrocknen lassen. In dieser Zeit die Schalotte fein schneiden. Pfifferlinge in der Butter mit der fein geschnitten Schalotte braten. Salz und Pfeffer dazugeben. Zwei Löffel Schmand einrühren und mit gehackter Petersilie verfeinern. Für die Sauce Preiselbeeren erwärmen und die Sahne dazugeben. Einen Teelöffel Zitronensaft und einen Teelöffel Balsamicoessig hinzufügen. Mit dem Schneebesen schaumig rühren.
Die Schafgarbeblätter waschen und leicht ausschütteln. Die Sauce auf vier Teller verteilen und die Schafgabeblätter in einem Kranz dazulegen.

Jetzt die Zucchiniblüte vorsichtig mit der Reis - Pilzfüllung füllen. In die Mitte des Tellers geben. Den Rest der gebratenen Pfifferlinge auf den Tellern dekorieren.

Kapuzinerkressetörtchen mit Käsefüllung auf Balsamicoessigcreme an Rucolasalat mit gerösteten Zedernnüssen

Zutaten:

(für vier Personen)

- 8 große Kapuzinerkresseblätter
- 8 Kapuzinerkresseblüten
- 1 Schafsfrischkäserolle (Kuhmilchfrischkäse mit Kräutern eignet sich auch)
- 1 kleiner Camembert
- Walnussöl oder Arganöl
- gutes Salz, Pfeffer (am besten aus der Pfeffermühle) und Roten Pfeffer
- Brunnenkresse
- 1 Esslöffel geriebene Walnüsse (wenn man es mag)
- Balsamicoessigcreme (gibt es fertig im Bioladen oder auch im Supermarkt)
- 1 Hand voll Rucolablätter
- 1 Knoblauchzehe

Zubereitung:

Die Kapuzinerkresseblätter gründlich waschen.

Die Kapuzinerkresseblätter mit Walnussöl einölen.

Muffinförmchen mit Papierförmchen auslegen. Die Blätter mit dem Stiel zu oberst in das Förmchen legen. Käsesorten mit einer Gabel fein zerdrücken und mischen. Geriebene Walnüsse, zerdrückten Knoblauch, Salz, schwarzen Pfeffer und das Öl unterheben, fein vermischen. Die Brunnenkresse waschen und die Blätter abzupfen. Einige für die Deko beiseite legen. Die anderen Blätter fein hacken und unter die Käsemasse mischen. Die nun fertige Masse in die vorbereiteten Muffinförmchen füllen. Eine Kapuzinerkresseblüte vorsichtig auf dem Käsetörtchen andrücken. Die Törtchen werden nun im Backofen bei 200 Grad (Gas: Stufe 4 - 5) zehn Minuten gebacken. In dieser Zeit die Zedernnüsschen (es können auch Pinienkerne sein) anrösten. Auf vier Teller die Balsamicoessigcreme hübsch anrichten.

Das Kapuzinerkressetörtchen in die Mitte geben und den Teller mit den gerösteten Nüsschen bestreuen. Mit den Brunnenkresseblättern dekorieren, eine frische Kapuzinerkresseblüte dazulegen und mit Rotem Pfeffer bestreuen. Mit warmem Kräuter- oder Knoblauchbaguette servieren.

Vorspeisen (Sommer)

Pastinakensuppe mit Pastinakenchips und Wildmöhrenblättern

Zutaten:
(für vier Personen)

- 5 größere Pastinaken
- 6 mittelgroße Kartoffeln
- 1 Karotte
- 1 Lauchzwiebel
- Ingwer
- gutes Salz
- 1 Schuss Apfelsaft
- Gemüsebrühe
- ¼ l geschlagene Sahne
- 1 Esslöffel junge, gehackte Wildmöhrenblätter
- Öl zum Braten

Zubereitung:
Pastinaken schälen und in feine Scheiben schneiden. Die Karotte ebenfalls in feine Scheiben schneiden. Die Kartoffeln schälen, waschen und würfeln. Die Lauchzwiebel in Ringe schneiden. Für die Pastinakenchips einen viertel Teil der Pastinaken beiseite stellen. Die restlichen Pastinaken im Öl anbraten. Dann die Kar-

toffeln, die Karotte und die Lauchzwiebelringe hinzugeben. Schön kräftig anbraten.
Alles in einen großen Topf geben. Die Gemüsebrühe hinzufügen und solange kochen, bis alles Gemüse weich ist (ca. 20 min.).
In der Zwischenzeit die zurückgelegten Pastinakenscheiben in heißem Öl kross braten, bis sie zu Chips werden.

Die fertige Suppe mit Salz und Pfeffer würzen und einen Schuss Apfelsaft hinzufügen. Ingwer reiben und die Suppe abschmecken. Alles pürieren. Geschlagene Sahne unter die Suppe heben. In vorgewärmte Teller füllen. Die Suppe mit den Pastinakenchips dekorieren und die Wildmöhrenblätter darüber streuen.

Suppenkreationen (Sommer)

Deftige Wildgemüsesuppe

Zutaten:
(für vier Personen)

- 750g Kartoffeln
- Gemüsebrühe
- gutes Salz
- 1 Prise Muskatnuss
- kaltgepresstes, natives Olivenöl
- 2 Hand voll gehackte Wildkräuter und Gemüse z.B. Giersch, Brennnesselblätter, Spitzwegerich, Gundelrebe, Beinwellblätter, Taubnessel, Melde
- 2 Lauchzwiebeln
- 2 junge Karotten

Zubereitung:
Kartoffeln schälen, waschen und würfeln. Karotten und Lauchzwiebeln in feine Scheiben schneiden. In der Gemüsebrühe die Kartoffeln, die Lauchzwiebeln und die Karotten weich kochen (ca. 20 min.).
Das fein gehackte Wildgemüse dazugeben. Noch einmal aufwallen lassen. Mit Salz und der Muskatnuss abschmecken. Einen Esslöffel Olivenöl zur Suppe geben.

Man kann auch eine Wildgemüsesuppe ohne Kartoffeln zubereiten:
Das Wildgemüse fein schneiden und in dem Olivenöl mit den fein geschnitten Karotten und Lauchzwiebeln anbraten und mit der Gemüsebrühe ablöschen. Kurz köcheln lassen und würzen. Bei Bedarf mit Mehl andicken und mit Schmand verfeinern. Nach Wunsch pürieren.

Laugenbrötchen passen zu der Suppe gut. Aber auch jedes Vollkornbrot.

Suppenkreationen (Sommer)

Kalte Avocadosuppe mit einem Himbeerschaumkrönchen und Minzeblättern

Zutaten:
(für vier Personen)

- 2 große, vollreife Avocados
- 1 zerdrückte Knoblauchzehe
- 1 kleine Zwiebel
- 1 Liter Gemüsebrühe
- Saft einer kleinen halben Zitrone
- gutes Salz
- frischer schwarzer Pfeffer aus der Mühle
- 1 Esslöffel Rotweinessig
  (Mit einem Esslöffel trockenem Weißwein schmeckt es auch gut.)
- 4 Esslöffel Schmand
- Rohrzucker
- 2 Hand voll frische Himbeeren
  (oder gefrorene)
- einige Blätter Minze
- einige Blätter Zitronenmelisse

Zubereitung:
Die Avocados halbieren, entsteinen und mit einem großen Löffel das Fruchtfleisch herausnehmen. Mit

der Zwiebel, dem Knoblauch, dem Zitronensaft und einem Drittel der Gemüsebrühe pürieren. (Bitte ein hohes Gefäß verwenden. Es spritzt!)
Dann den Rest der Gemüsebrühe hinzufügen. Gut umrühren, bis die Suppe „glatt" ist.
Nun den Rotweinessig dazugeben und mit Salz und Pfeffer abschmecken. In einer Schüssel kalt stellen. Sie soll solange im Kühlschrank stehen, bis die Suppe eiskalt ist.
In der Zwischenzeit die Himbeeren waschen und pürieren. Mit einer Prise Zucker und Salz würzen. Einen Spritzer Rotweinessig hinzugeben und einen halben Teelöffel sehr fein geschnittene Minze und Melisse zu gleichen Teilen ebenfalls hinzufügen. Alles gut umrühren. Die restlichen gewaschenen und fein gehackten Minze- und Melisseblätter für die Deko beiseite stellen.

Die eiskalte Suppe in vier gekühlte Suppentassen füllen. In die Mitte einen Esslöffel Schmand geben, darauf einen Klecks Himbeermus. Mit der restlichen Minze dekorieren. Getoastetes Weißbrot schmeckt zu dieser Suppe sehr gut.

Salbei - Saitanspießchen mit Rosmarin - Salbeikartoffeln und Tomaten - Gierschsalat mit einem Kamillen - Schafgarbenblätter Dressing

Zutaten:
(für vier Personen)

- 4 Salbeizweige
- Salbeiblätter
- 3 Zwiebeln
- 3 Knoblauchzehen
- 1 Packung Saitan
- 1 junge Zucchini
- 1 rote Paprika
- 1 Aubergine
- 750g Kartoffeln
- 2 Rosmarinzweige
- 8 vollreife Tomaten
- 5 Gierschpflanzen
- kaltgepresstes, natives Olivenöl
- gutes Salatöl
- Obstessig
- Rohrzucker
- Salz

• Pfeffer
• einige Blättchen von Kamille und Schafgarbe

Zubereitung:
Es empfiehlt sich, die Kartoffelspalten und die Spießchen komplett vorzubereiten und dann gemeinsam zu grillen. Kartoffeln waschen und schälen (bei sehr jungen Kartoffeln die Schale nur abbürsten). In Spalten schneiden. Ein Backblech mit Backpapier auslegen. Kartoffelscheiben darauf legen. Mit Olivenöl großzügig beträufeln. Im Backofen grillen.
Die Salbeizweige waschen und die Blätter abstreifen. Den Knoblauch in feine Streifen schneiden. Rosmarinzweige waschen. Nach zehn Minuten Grillzeit die Rosmarinzweige, den Knoblauch und die Salbeiblätter zu den Kartoffelspalten legen. Weiter grillen.
Für die Spießchen den Saitan in große Würfel schneiden, gleichfalls die gewaschene Zucchini, die von Kernen befreite Paprika und die Aubergine. Zwei Zwiebeln in Ringe schneiden.

Alles abwechselnd auf die Salbeizweige spießen. Olivenöl, einen Teelöffel Senf, Salz und Pfeffer verrühren und gleichmäßig auf die Spieße streichen (ein Backpinsel eignet sich gut).

Spießchen von allen Seiten in der Pfanne anbraten und zu den Kartoffelspalten auf einen Grillrost geben (Grillrost im Ofen vorher mit Backpapier belegen). Wenn die Kartoffeln außen schön knusprig und innen weich sind und die Spießchen sich bräunen, alles mit Salz und Pfeffer würzen und für noch einmal zwei Minuten weiter grillen.

Für den Tomaten - Gierschsalat Tomaten waschen und in Scheiben schneiden. Blätter von der Gierschpflanze zupfen, waschen und abtropfen lassen. Alles in eine Salatschüssel geben.

Eine Salatsauce aus Öl, Essig, Rohrzucker, Salz und Pfeffer herstellen. Wenige fein geschnittene Kamilleblätter und Schafgarbeblätter in die Sauce geben. Sauce über die Tomaten und die Gierschblätter gießen. Gut durchmischen. Bei Bedarf unter den Salat eine fein geschnittene Zwiebel heben.

Hauptgerichte (Sommer)

Blätterteig - Gemüsestrudel an einer Wildkräutersauce auf Kartoffelpüree

Zutaten:
(für vier Personen)

- 1 tief gefrorene Packung Butterblätterteig aus dem Bioladen
- 1 Zucchini
- 2 Tomaten
- 1 Teelöffel Tomatenmark
- 1 kleine Porreestange
- 1 Zwiebel
- 1 Karotte
- junge Erbsen
- bei Bedarf eine Knoblauchzehe
- 2 Esslöffel Bärlauch- oder Wildkräuterpesto
- kaltgepresstes, natives Olivenöl
- 1 halbes Sträußlein frische Korianderblätter
- 1 halbes Sträußlein Petersilie
- gutes Salz
- 1 Rolle Schafsfrischkäse

Für die Sauce:

- 2 Esslöffel süße Sahne
- 1/8 l Gemüsebrühe
- 1/2 Zwiebel

- gutes Salz
- Pfeffer
- einige Spritzer Zitrone
- Wildkräuter: z. B. Gänseblümchen, Braunelle, Spitzwegerich, verschiedene Kressearten, Pimpinelle, sehr junges Gänsefingerkraut, Giersch, Klee, Taubnessel und Melde. Zur Dekoration eignen sich z.B. Borretschblüten, Gänseblümchenblüten, Salbeiblüten und Kresseblüten

Für das Kartoffelpüree:

- 750g mehlige Kartoffeln
- 1/8 l Milch oder auch Sojamilch
- ein guter Esslöffel Butter
- Muskatnuss
- Salz und Pfeffer

Zubereitung:

Den Blätterteig vorsichtig ausrollen und auf ein mit Wasser abgespültes Backblech legen.

Gemüse und Zwiebeln klein schneiden (Zucchini und Karotten fein raspeln), Knoblauch zerdrücken und alles mit dem 3/4 Teil Schafsfrischkäse mischen (den Rest für die Sauce verwenden).

Einen Teelöffel Olivenöl untermischen und mit Salz und Pfeffer abschmecken. Das Pesto unter das Gemüse heben und einen Teelöffel Tomatenmark zufügen.

Die Petersilie und den Koriander fein hacken und die Hälfte zur Gemüsefüllung geben. Gut durchmischen. Den Blätterteig mit Olivenöl bestreichen und die Gemüsefüllung in die Mitte geben. Von beiden Seiten den Teig zusammenklappen und die Ober- und Unterseite darüberlegen. Im vorgeheizten Backofen (ca. 30 min.) goldgelb ausbacken.
In der Zwischenzeit die Wildkräuter sehr fein hacken (drei Sorten reichen aus, immer eine Kressesorte beimischen), die restliche Petersilie und den Koriander untermischen.

In einem Töpfchen eine Zwiebel glasig dünsten, mit Gemüsebrühe ablöschen, den Rest Frischkäse hinzugeben, einen Esslöffel süße Sahne dazugießen. Ist die Sauce nicht sämig genug, bei Bedarf mit Mehl (in kaltem Wasser aufgelöst) andicken. Salzen und pfeffern. Zum Schluss die Wildkräuter unterrühren und kurz aufkochen. Bei Bedarf einige Spritzer Zitrone zugeben.

Für das Kartoffelpüree die Kartoffeln schälen, waschen und würfeln. In einem Topf weich kochen. Das Wasser abgießen und in den Topf zurückgeben. Pürieren oder mit einem Kartoffelstampfer quetschen.

In einem anderen Topf die Milch zum Kochen bringen und langsam, unter ständigem Rühren, zu den Kartoffeln fügen. Mit etwas Muskatnuss würzen, gegebenenfalls nachsalzen. Zum Schluss die Butter im heißen Kartoffelpüree schmelzen lassen und umrühren

.

Das Kartoffelpüree auf den vorgewärmten Tellern anrichten, die Sauce dazugeben und den Blätterteigstrudel auf die Sauce legen.
Mit den Blüten bestreuen.

Feine Holunderblütenpfannkuchen mit Lindenblütenahornsirup und frischen Erdbeeren

Zutaten:
(für vier Personen)

Für ca. 12 Pfannkuchen

- 100g gutes Weizenmehl (frisch gemahlen schmeckt es natürlich am besten)
- 2 Esslöffel Butter
- 2 Eier
- ½ Teelöffel Salz
- 1 gestrichener Esslöffel Rohrzucker
- ⅛ l Milch
- ⅛ l Wasser
- 13 Holunderblüten
- 1 kleine Hand voll Lindenblüten
- Ahornsirup
- gutes Öl zum Ausbraten
- 250g frische, gewaschene, halbierte Erdbeeren. Bei Bedarf nachsüßen.

Wenn man Glück hat, findet man schon frische Walderdbeeren. Diese sind besonders aromatisch.

Zubereitung:

Das Mehl in eine Schüssel sieben. Die Eier trennen. Das Eigelb zum Mehl geben, das Eiweiß steif schlagen. Zum Mehl und dem Eigelb das Salz, die Butter, den Zucker und das Wasser geben. Alles mit dem Mixer cremig rühren. Nach und nach die Milch hineingießen. Alles gut durchmixen. Zum Schluss das Eiweiß unterheben.

Eine gute Eisenpfanne mit Bratöl bestreichen und das Öl stark erhitzen. Dann die Pfanne vom Herd nehmen, eine kleine Kelle Pfannkuchenteig in die Pfanne geben, schwenken und sofort wieder auf den Herd stellen. Die sehr gut ausgeschüttelten und gewaschenen Holunderblüten (ohne Stiel) in den Teig setzen. Ca. 30 Sekunden backen. Dann prüfen, ob der Teig schon fest und die untere Seite gebräunt ist. Ist das der Fall, den Pfannkuchen wenden.

Backen, bis er auf beiden Seiten braun ist. Die fertigen Pfannkuchen mit dem Lindenblütenahornsirup bestreichen und zusammenrollen.

Auf vier Tellern anrichten, mit Holunderblüten bestreuen. Frische Erdbeeren dazureichen.

Zubereitung des Lindenblütenahornsirups:
150ml Ahornsirup in ein Schraubglas füllen und mit frisch gepflückten Lindenblüten auffüllen. Schütteln und in die Sonne stellen. An einem warmen Ort mindestens eine Woche stehen lassen. Jeden Tag schütteln. (Um einen sehr aromatischen Sirup herzustellen, muss der Sirup sechs Wochen stehen. Aber da die Blütezeit von Holunder und Linde fast identisch ist, setze ich zwei Gläser an. Ein Glas zum schnellen Verzehr und ein Glas lasse ich sechs Wochen stehen und nutze den Sirup zur Herstellung köstlicher Nachspeisen.)

Gratin aus Wildrhabarber und Mädesüß

Zutaten:
(für vier Personen)

- 500 g wild wachsenden Rhabarber (oder Gartenrhabarber)
- ¼ l Milch
- 3 Eier
- 100 g Rohrzucker
- 1 Päckchen Vanillezucker
- 1 Päckchen Vanillesauce
- 400 g Quark
- 2 Dolden Mädesüß

Zubereitung:
Am Vorabend:
Das Mädesüß vorsichtig schütteln und leicht waschen. Die Milch aufkochen und das Mädesüß hineingeben. Über Nacht im Kühlschrank stehen lassen. Am nächsten Tag:
Rhabarber waschen, abziehen und in kleine Stücke schneiden.

Die Hälfte des Rohrzuckers zugeben. Mit einem Schluck Wasser dünsten (ca. 5 min., bis sich eigener Fruchtsaft bildet). Gelegentlich umrühren. Dann den Fruchtsaft abgießen.
Nun aus der Mädesüßmilch und dem Soßenpulver eine Vanillesauce kochen. Die 3 Eier teilen. Das Eigelb in den Quark mischen, den Vanillezucker und den restlichen Rohrzucker unterrühren.

Den Quark unter die Vanillesauce heben.
Das Eiweiß steif schlagen und vorsichtig unter die Masse ziehen. Den Rhabarber in eine eingefettete Ausbackform geben und mit der Quarkmasse bedecken. Im vorgeheizten Backofen bei 200 Grad backen, bis die Quarkmasse oben gebräunt ist (ca. 30 min.).

Dessertvarianten (Sommer)

Schokoladencreme mit Fichtensirup, gerösteten Zedernkernen und Johanniskrautblüten

Zutaten:
(für vier Personen)

Für die Creme:

- 75g feinste Zartbitterschokolade
- 150g Creme double
- 3 Eigelb
- 1 Teelöffel Espressopulver
- 1 Esslöffel Fichtensirup
- 1 Prise Weinstein - Backpulver
- 4 Eiweiß

Für den Sirup: (Kann man im Mai, Anfang Juni schon ansetzen. Er benötigt 4 bis 6 Wochen zum Reifen.)

- ein großes Glas (1 Liter) Agavendicksaft
- Saft einer halben Zitrone
- eine Hand voll ganz junger Maitriebe der Fichte

Für die Dekoration:

- 1 Esslöffel geröstete Zedernnusskerne (Pinienkerne kann man auch benutzen)
- 2 Esslöffel Fichtensirup

- 8 Johanniskrautblüten
- bei Bedarf frisch geschlagene Sahne

für 4 Personen

Zubereitung:
Die Schokolade wird in kleine Stücke gebrochen, mit der Creme double in einen Topf gegeben und bei niedriger Temperatur langsam zum Schmelzen gebracht (nicht zu sehr erhitzen, da die Schokolade sonst gerinnt). Vom Herd nehmen, Eigelb und Kaffeepulver unterrühren.
Den Fichtensirup unterrühren.
Nun die Eiweiße mit dem Weinstein sehr steif schlagen. Die Mischung behutsam unter die Schokoladenmischung heben und den Eischnee gleichmäßig verteilen. Die Creme in vier kleine Förmchen gießen und kalt stellen. Für den Fichtensirup eine Hand voll ganz junge Maitriebe der Fichte ernten, säubern und in den Agavendicksaft geben. Den Zitronensaft hinzufügen, schütteln, damit sich alles vermengt. An einem sonnigen, warmen Ort vier bis sechs Wochen stehen lassen. Gelegentlich schütteln.

Dessertvarianten (Sommer)

Vor dem Verzehr die Schokocreme mit etwas Fichtensirup beträufeln, mit den Zederkernen bestreuen und zwei Johanniskrautblüten auf die Creme dekorieren. Bei Bedarf frisch geschlagene Sahne reichen.

Dessertvarianten (Sommer)

Basilikum - Tiramisu an einer Himbeersauce mit Waldhimbeeren

Zutaten:
(für vier Personen)

Für das Tiramisu:

- 150 g Mascarpone
- 1 Ei (kann man auch weglassen und durch 1 Esslöffel Vanillejoghurt ersetzen)
- 1 Tasse Amarettolikör
- 1 große Tasse starken Kaffee
- 1 halbe Tasse Kakaopulver
- 1 Packung Löffelbiskuits
- 1 Esslöffel Agavendicksaft
- 1 Teelöffel fein gewiegtes Basilikum

Für die Himbeersauce:

- 350 g frische oder auch tief gefrorene Himbeeren
- 6 Teelöffel Rohrzucker
- 1 Hand voll frische Waldhimbeeren (Man kann natürlich auch Gartenhimbeeren verwenden. Die Waldhimbeeren sind jedoch meist aromatischer und es ist schön, sie frisch im Wald zu ernten.)

Zur Dekoration:

- einige frische Basilikumblätter und eine Hand voll geröstete Pinienkerne

Zubereitung:

Für das Tiramisu (am Vorabend zubereiten):

Mascarpone, Eigelb (oder den Joghurt) und den Agavendicksaft vermischen. Nun das Eiweiß steif schlagen und unter die Creme heben. Die Creme in zwei Teile teilen. In den einen Teil einen Esslöffel Kakao einrühren. Gut durchmixen. In den anderen Teil das fein gewiegte Basilikum hineingeben. Gut mischen. Den Kaffee in einen tiefen Teller geben und den Likör ebenfalls. Die Löffelbiskuite einzeln erst in den Kaffee und dann in den Likör tauchen. In eine Glasschüssel eine Schicht getauchte Löffelbiskuite legen, eine Schicht Basilikumcreme darüber streichen, noch eine Schicht Löffelbiskuite darüber legen. Zum Schluss die Kakaocreme. Alles mit Kakao bestäuben. Das Tiramisu über Nacht in den Kühlschrank stellen.

Fingerfood (Sommer)

Für die Himbeersauce:
Himbeeren mit dem Zucker vermengen und pürieren. Alles einmal aufkochen lassen und gut umrühren. Die warme Sauce auf vier Teller verteilen. Die frischen Himbeeren hineinstreuen und in die Mitte mit einem Portionierer das Tiramisu setzen. Mit gerösteten Pinienkernen und den frischen Basilikumblättern dekorieren.

Räuchertofubrot mit einem Frischkäse - Kapuzinerkresseaufstrich und Portulak

Zutaten:

(für 4 Personen)

- 4 dünn geschnittene Scheiben Räuchertofu oder auch Räucherschinken
- ca. 100 g Frischziegenkäse oder auch Kuhmilchfrischkäse (wobei der Ziegenkäse durch sein würziges Aroma besser zu der Wildkräutermischung passt)
- einige Stängel der Brunnenkresse und vom Portulak
- ca. 6 größere Blätter Kapuzinerkresse
- bei Bedarf eine kleine Zehe Knoblauch
- Argan- oder Olivenöl
- gutes Salz (z. B. Meersalz oder Himalayasalz)
- 1 Esslöffel Orangensaft

Zubereitung:

Den Frischkäse mit der zerdrückten Knoblauchzehe, einem Schuss Öl, Salz und dem Orangensaft mischen.

Brunnenkresse und Portulakblätter zupfen, mit den Kapuzinerkresseblättern waschen und sehr, sehr fein hacken.

Die Kräuter unter den Frischkäse heben. Den Aufstrich auf die Baguettescheiben streichen, eine dünne Scheibe Tofu oder Räucherschinken zusammenrollen und auf das Brot legen, mit einem Stängel Brunnenkresse garnieren.

Wildblütenaperitif

Zutaten:

- 1 Teelöffel Salbeiblüten
- 1 Salbeiblatt
- 10 Zitronenmelisseblätter
- 10 Taubnesselblüten
- 10 Gänseblümchen
- ein wenig Thymian
- 2 Pfefferminzblätter
- 200 ml Agavendicksaft
- Saft von einer Zitrone
- Wasser

Zubereitung:
Die Blüten und Kräuter in ein Schraubglas füllen und mit dem Agavendicksaft mischen. Vier Wochen an einem dunklen, warmen Ort stehen lassen. Die Blüten und Kräuter abseihen. Den Sirup portionsweise mit kaltem Sprudel und der Zitrone auffüllen. Mit Sekt aufgefüllt oder mit Holunderbeersaft schmeckt der Aperitif auch sehr gut. Mit Sherry und Eiswürfeln ist der Aperitif auch köstlich.

Walnusslikör

Zutaten:

- 25 noch grüne Walnüsse (ab Mittsommer Ende Juni - Anfang Juli sammeln)
- 1 Liter Ansatzschnaps
- 10 Wacholderbeeren
- 2 Stangen Zimt
- 4 Nelken
- Zucker
- Wasser
- 1 in Scheiben geschnittene Zitrone

Zubereitung:
Die Walnüsse in Scheiben schneiden. Alle in ein Glasgefäß füllen. Die Gewürze zugeben und mit dem Ansatzschnaps auffüllen.
Das Gefäß verschließen und sechs Wochen an einen warmen, sonnigen Ort stellen. Ab und zu schütteln.
Den Schnaps abseihen, mit Zucker oder gutem Honig und Wasser auffüllen, bis der Likör ein angenehmes mildes Aroma bekommt (auf ca. 20 % Alkoholgehalt verdünnen).

Getränke (Sommer)

Zirben- oder Latschenkiefersirup oder -likör

Zutaten:

- 2 Hände Zirben- oder Latschenkieferzapfen (Sie werden Anfang - Mitte Juli gesammelt, wenn die Zapfen vor der Verholzung stehen. Die Zirben sehen violett aus und sind fest geschlossen. Die Latschen sehen grünlich-braun aus und sind ebenfalls noch geschlossen.)
- 1½ Kilo Rohrzucker
- Wasser
- für den Likör 1 Liter Obstler

Zubereitung:

Die Zapfen in dünnere Scheiben schneiden. (Ich schneide sie mit der Gartenschere. Ich finde, das geht besser, als mit dem Messer.)

Die Scheiben in ein hohes Glasgefäß füllen. Den Zucker zumischen und mit Wasser auffüllen, so dass das Wasser bis rund zwei Zentimeter über den Zapfenscheiben steht. Alles an einem warmen, sonnigen Ort rund vier Wochen stehen lassen. Durch ein sauberes Tuch seihen, noch einmal auf achtzig Grad erhitzen und in saubere Flaschen füllen. Fest verschließen.

Ich mag den rötlichen Saft der Zirbe zwar lieber als den bräunlichen - grünlichen Saft der Latschenkiefer (sie schmeckt etwas strenger und harziger als die Zirbe), aber es ist auch ein interessanter Geschmack und mit Grapefruitsaft, Zitronensaft oder auch Grenadine schmeckt er gut.
Beim Likör werden die Zapfenscheiben in einem Glasgefäß mit Obstler vollständig bedeckt und verschlossen an einen warmen, sonnigen Ort gestellt. Rund sechs Wochen ruhen lassen und abseihen. Bei Bedarf mit Honig süßen.

Getränke (Sommer)

Holunderblütensirup

Zutaten:

- 30 - 40 Dolden Holunderblüten
- 2 Kilo Rohrzucker
- 5 Zitronen
- 2½ Liter Wasser

Zubereitung:
Wasser abkochen und abkühlen lassen. Die Dolden draußen gut ausschütteln. In den Dolden verstecken sich gerne kleine Käferchen. Die Dolden in ein hohes Gefäß füllen (kein Metall oder Plastik).

Den Zucker und die in Scheiben geschnittenen Zitronen zu den Dolden geben und mit Wasser übergießen. Zugedeckt an einem warmen Ort 24 Stunden setzen lassen. Durch ein sauberes Tuch seihen und den Sirup noch einmal auf 80 Grad erhitzen. In saubere Flaschen füllen.

Variationen:
Duftrosen, Salbei (Blüten und Blatt), Spitzwegerich, die Blüten von der Gundelrebe und Gamander und Fliederblüten zu den Holunderblütendolden mischen.

Für den Holunderlikör:

Entweder den fertigen Sirup mit dem Ansatzschnaps, 2 Esslöffel Honig und Wasser mischen (bis der Likör ungefähr 20 % hat) und in Flaschen füllen oder die Holunderdolden mit dem Ansatzschnaps und 500 g Zucker in einem hohen Glasgefäß ansetzen. Das Gefäß verschließen, an einem warmen, sonnigen Ort sechs Wochen stehen lassen. Immer wieder schütteln. Abseihen. Mit Zitronensaft und Holunderblütensirup aufgießen (bis der Likör 20 % Alkohol erreicht hat). Man kann auch statt Holunderblütensirup Wasser und Honig nach Belieben zusetzen.

Feine Kastanienmehlcrêpes gefüllt mit einer Frischkäseorangencreme, zarten Korianderspitzen und Wildmöhrenblättchen auf einer Hagebuttensauce

Zutaten:
(für vier Personen)

Crêpesteig:
- 100g Kastanienmehl (aus dem Reformhaus oder dem Bioladen)
- ½ Teelöffel Salz
- 2 Eier
- ⅛ l Milch
- 2 Esslöffel geschmolzene Butter
- gutes Bratöl ohne Eigengeschmack

Für die Füllung:
- 250g Frischkäse
- Saft einer halben Orange
- 1 kleines Bund frischer Koriander
- 2 Esslöffel gehackte Blättchen von der Wildmöhre

Für die Hagebuttensauce:
- 2 Hände voll Hagebutten
- 1 kleine Schalotte

- 1 gepresste Knoblauchzehe
- einige Spritzer Zitrone
- Gemüsebrühe
- Saft von einer halben Orange
- gutes Salz
- eine Prise Rohrzucker
- kaltgepresstes, natives Olivenöl

Zubereitung:
Zuerst den Crêpesteig herstellen. Um einen lockeren Teig zu gewinnen,kann man Eigelb und Eiweiß trennen. Das Eiweiß steif schlagen und zum Schluss unter den Crêpesteig heben. Acht kleine Crêpes backen.

Für die Füllung den Frischkäse mit einem halben Löffel Öl, dem Saft einer halben Orange, Salz und dem fein gehackten Koriander und den Wildmöhrenblättchen mischen.

Für die Sauce die Blütenansätze und den Stielansatz der Hagebutten entfernen. Die Hagebutten in der Gemüsebrühe ungefähr 40 min. weich kochen.

Die Hagebutten abseihen und durch ein Sieb pürieren. (Es bleibt nicht sehr viel Mark übrig.) Für weniger Geduldige kann man zur Not auch ein oder zwei Esslöffel Hagebuttenmarmelade statt des Hagebuttenmarks verwenden. Die Sauce bekommt dann eine süß - saure Note. Schmeckt auch sehr gut.
Die Schalotte sehr fein schneiden und in Olivenöl glasig dünsten, mit etwas Gemüsebrühe ablöschen und das Mark (die Marmelade) unterrühren.
Mit der gepressten Knoblauchzehe vermischen. Das Hagebuttenmark mit einer Prise Zucker verfeinern. Mit etwas Salz würzen.

Nun den Saft der halben Orange und einige Spritzer Zitrone dazugeben. Gut umrühren. Vorsichtig erwärmen. Nicht kochen.

Die Sauce auf den Tellern verteilen. Die Crêpes mit der Frischkäsefüllung bestreichen und aufrollen. Auf die Sauce geben. Mit Koriandergrün bestreuen.

Auberginencarpaccio auf Wildkräutersalat, verfeinert mit Kürbiskernöl und mit in Honig karamellisierten Kürbiskernen

Zutaten:
(für vier Personen)

- 1 kleine Aubergine
- gutes, kaltgepresstes, natives Olivenöl
- gutes Kürbiskernöl
- 1 Hand voll Kürbiskerne
- Balsamicoessig
- 1 Esslöffel Honig (Thymianhonig eignet sich besonders)
- gutes Salz
- einige Blätter Spitzwegerich
- einige Blätter feine Schafgarbe
- Rucola
- einige Blätter Gundelrebe
- wenige Blätter vom jungen Sauerampfer

Zubereitung

Die Aubergine in sehr feine Scheiben hobeln. Salzen. Das klassische Carpaccio wird mit rohen hauchdünnen Auberginenscheiben angerichtet. Wer es nicht mag, kann die Scheiben etwas dicker hobeln, mit Olivenöl einpinseln und von beiden Seiten vorsichtig anbraten. Die Wildkräuter waschen und abtropfen lassen. Ein Dressing aus Kürbiskernöl und Balsamicoessig herstellen. (Den Essig sparsam verwenden, damit das Aroma der Wildkräuter erhalten bleibt.) In einer Pfanne die Kürbiskerne ohne Öl bräunen. Honig dazugeben und karamellisieren.

Die Auberginenscheiben auf vier Teller legen und die Salatblätter ringsherum dekorieren. Mit dem Dressing beträufeln. Über das gesamte Gericht zum Schluss die karamellisierten Kürbiskerne geben. (Das Carpaccio kann auch nur mit ganz jungen Schafgarbeblättern serviert werden. Schmeckt auch sehr gut.)

Schneller Wildkräutersalat mit frittierten Wilmöhrenköpfchen und gegrillten Karottenstreifen

Zutaten:
(für vier Personen)

- 2 Hand voll Wildkräuter: z.B. Hirtentäschel, Spitz- und Breitwegerich, Gundelrebe, Schafgarbe, Kresse, Ackerhellerkraut, Ackersenf, Vogelmiere, Margeritenblüten, Nachtkerzenknospen, Kapuzinerkresse, Braunelle etc. …
- gutes Salatöl
- guter Obstessig
- gutes Salz
- 1 Prise Rohrzucker
- 4 Wildmöhrenköpfchen (Samenkapseln)
- Frittieröl

Für den Bierteig:

- 100 g Vollkornmehl
- ⅛ l helles Bier
- etwas Salz
- 1 kleine Karotte

Zubereitung:

Karotten in feine, dünne Längsstreifen schneiden und in heißem Öl braten. Auf einem Küchenkrepp abtropfen lassen.

Wildkräuter behutsam waschen und abtropfen lassen. Öl und Essig mit Salz mischen und einer Prise Rohrzucker würzen. Die Wildkräuter und Blüten in dem Dressing wenden.

Bierteig herstellen, die gewaschenen Karottenköpfchen abtropfen lassen und im Bierteig wenden. In heißem Öl goldgelb ausbacken. Auf einem Küchenkrepp abtropfen lassen.

Den Wildkräutersalat auf vier Teller verteilen. Mit den Karottenstreifen dekorieren und in die Mitte das Karottenköpfchen geben.

Dazu passt ein Kräuterbaguette sehr gut.

Topinambursuppe mit gerösteten Pinienkernen, Räuchertofuwürfeln und Hirschgeweihwegerich

Zutaten:
(für vier Personen)

- 750 g Topinamburknollen
- 1 kleine Zwiebel
- 1 Esslöffel Butter
- 2 Esslöffel Zitronensaft
- ½ l Gemüsebrühe
- ½ l Milch oder Sojamilch
- gutes Salz und Pfeffer
- 1 Prise Muskatnuss
- 2 Esslöffel geröstete Pinienkerne
- 100 g fein gewürfelter Räuchertofu
- 8 Blätter Hirschgeweihwegerich (Rucola ist auch möglich)

Zubereitung:
Die Topinamburknollen gründlich putzen und schälen. (Das ist zwar recht mühselig, aber es lohnt sich!) In gleichgroße Stücke schneiden und in eine Schüssel mit kaltem Wasser geben. In das Wasser den Zitronensaft geben. So behalten die Knollen ihre Farbe. Die Zwiebeln schälen und fein hacken. In der Butter

in einem Topf glasig dünsten.
Die Topinamburs abtrocknen und in den Topf geben. Unter Rühren bei mittlerer Hitze zehn Minuten weiter garen lassen.
Brühe und Milch hinzugeben. Bei geschlossenem Deckel das Gemüse weich kochen (ca. zwanzig bis dreißig Minuten).
In der Zwischenzeit das fein gewürfelte Räuchertofu braten und den Wegerich waschen.
Die fertige Suppe pürieren. Mit Salz, Pfeffer und Muskatnuss abschmecken.
In vier vorgewärmte Teller füllen. Mit dem Räuchertofu, den gerösteten Pinienkernen und dem Hirschgeweihwegerich dekorieren.

Feines Möhrenschaumsüppchen mit Wildmöhrensamen und Wildmöhrenblättern

Zutaten:
(für vier Personen)

- 300 g junge Möhren mit Grün
- 2 feine Schalotten
- 1 Esslöffel Butter
- ½ Teelöffel mildes Currypulver
- 1 Messerspitze frisch geriebenen Ingwer
- 1 Messerspitze gemahlenen Koriander
- ½ l Gemüsebrühe
- gutes Salz
- 1 Prise Zucker
- 100 ml süße Sahne
- 1 Esslöffel Tomatenmark
- Samen von vier Wildkarottenköpfchen und das Blattgrün

Zubereitung:
Von den Karotten das Grün entfernen und die zarten Blätter waschen und beiseite stellen. Möhren putzen und in Scheiben schneiden. Die Schalotten schälen und fein würfeln. In einem Topf die Schalotten in der

Butter glasig dünsten. Möhren hinzufügen und unterrühren, 5 min. mit anschwitzen. Eine Prise Zucker hinzugeben und umrühren. Das Tomatenmark, Curry, Salz, Pfeffer, Ingwer und Koriander unterrühren und die Gemüsebrühe aufgießen.
Aufkochen lassen und das Gemüse weich kochen (ca. 15 min.). In der Zwischenzeit die Wildmöhrensamen anrösten. Die feinen Blätter mit dem jungen Karottengrün fein wiegen.

Jetzt die Suppe pürieren und die geschlagene Sahne unterheben.

Mit den fein gewiegten Blättern und den gerösteten Wildmöhrensamen dekorieren.

Brunnenkressesuppe

Zutaten:
(für vier Personen)

- 1 Esslöffel Butter
- 1 kleine Zwiebel
- 750 g Kartoffeln
- 1 Liter Gemüsebrühe
- 1 Hand voll Brunnenkresseblätter
- 4 Brunnenkressestängel zum Dekorieren
- gutes Salz
- frischer Pfeffer aus der Mühle
- 4 Esslöffel Créme fraîche

Zubereitung:
Die Kartoffeln waschen, schälen und würfeln. Die Zwiebel schälen und fein würfeln. Die Blätter von den Brunnenkressestängeln zupfen. Vier Stängel für die Deko beiseite stellen.
Die übrig gebliebenen Brunnenkressestängel fein schneiden. Die Zwiebelwürfel in der Butter glasig dünsten. Die Kartoffeln und die fein geschnittenen Brunnenkressestängel dazugeben, umrühren und weitergaren (ca. 10 min.).

Die Brühe dazugießen. Die Suppe leicht köcheln lassen, bis die Kartoffeln und Brunnenkressestängel weich sind (20 min.).
Nun die Brunnenkresseblätter hinzufügen und die Suppe pürieren. Mit Salz und Pfeffer abschmecken.
Die Suppe in vorgewärmte Suppenteller füllen. Einen Esslöffel Crème fraîche in die Mitte setzen. Die Brunnenkressestängel darüber legen.

Die Suppe schmeckt wunderbar mit überbackenen (am besten noch warmen) Käsebrötchen.

Pikante Kürbispfanne mit Soja, Wildgemüsespinat und Einkorn

Zutaten:
(für vier Personen)

- 1 kleiner Hokkaidokürbis
- 1 Zwiebel
- gutes Salz
- kaltgepresstes, natives Olivenöl
- 2 getrocknete Wacholderbeeren
- 3 Pimentkörner
- 1 Lorbeerblatt
- 1 Prise geriebene Muskatnuss
- 1 zerdrückte Knoblauchzehe
- 2 l Gemüsebrühe
- ½ l Apfelsaft
- 1 Esslöffel Apfelessig
- 5 Kartoffeln
- 200 ml Schmand
- 1 Hand voll Giersch
- 50 g Soja fein (trocken)
- 1 Hand voll Einkorn

Zubereitung:
Den Kürbis waschen, die Kerne entfernen (man kann die Kerne rösten und als Deko über das Einkorn

streuen). Den Kürbis in gleichgroße Stücke schneiden. Kartoffeln waschen und in gleichgroße Stücke schneiden. Das Soja in eine Schüssel geben und mit heißer Gemüsebrühe übergießen, damit es weich wird. Die Zwiebel schälen und fein schneiden. Den Giersch entstielen und die Blätter großzügig hacken.
Das Einkorn waschen und in einem Topf mit einem Liter Gemüsebrühe aufgießen, aufkochen und dann köcheln lassen, bis das Korn weich ist (ca. 30 min.). Den Kürbis mit den Zwiebeln und den Kartoffeln in heißem Öl anbraten (ca. 10 min.). Die Gewürze hinzufügen.

Unter ständigem Rühren weiter anbraten (ca. 5 min.). Mit dem Rest der Gemüsebrühe (ca. $1\frac{1}{2}$ Liter), dem Apfelessig und dem Apfelsaft ablöschen (2 Esslöffel für das Soja zurückbehalten) und köcheln lassen, bis Kartoffeln und Kürbis weich sind (ca. 20 min.). Das Soja abgießen, abtropfen lassen und in einer Pfanne mit einer zerdrückten Knoblauchzehe anbraten, mit einem Schuss Apfelsaft ablöschen.

Die Kürbispfanne andicken lassen (es darf nicht mehr viel Flüssigkeit vorhanden sein), den Giersch und das Soja unterheben, mit ein wenig Muskatnuss würzen und den Schmand unterrühren.

Das Einkorn abgießen und abtropfen lassen. Bei Bedarf salzen.
Das Einkorn auf die vorgewärmten Teller mit einem Portionierring geben. Die Kürbispfanne um das Einkorn geben. Eventuell mit wenigen, gerösteten Kürbiskernen bestreuen.

Panierter und gebackener Sellerie mit Wildreis an einer Orangenminzesauce

Zutaten:
(für vier Personen)

- 1 großer Sellerie
- Gemüseburgertrockenmischung zum Panieren (oder herkömmliches Paniermehl)
- 1 Ei
- gutes Salz
- kaltgepresstes, natives Olivenöl
- ½ Bund Schnittlauch oder Schnittlauchgras
- 1 - 1 ½ Tassen Wildreis (oder auch Mischreis)
- 1 kleine Zwiebel
- 1 l Gemüsebrühe
- 1 Lorbeerblatt
- 2 Karotten
- 1 Knoblauchzehe
- Saft von einer Orange
- 1 Teelöffel Zitronensaft
- 1 Prise Rohrzucker
- ½ l süße Sahne
- 2 Esslöffel Frischkäse

- 1 Teelöffel fein gehackte Minze (man kann auch 2 Minzesorten mischen)

Zubereitung:

Den Wildreis waschen. Die Zwiebel schälen, fein schneiden und in Öl glasig dünsten. Die Karotten waschen und mit dem Sparschäler in feine Streifen schneiden. Knoblauch pressen.

Den Wildreis zu der Zwiebel geben und unter häufigem Rühren 2 Minuten anbraten. Dann mit der Gemüsebrühe ablöschen (vorher 5 Esslöffel Gemüsebrühe beiseite stellen für die Sauce) und leise 40 bis 50 Minuten köcheln lassen, bis der Reis schön körnig und trotzdem weich ist. Dann absieben, mit kaltem Wasser abduschen und noch einmal zum Erwärmen mit einem Schuss Öl in den Topf geben. Gut umrühren.

Die Karottenstreifen in Öl mit dem Knoblauch kurz anbraten. Mit Salz und einer Prise Zucker würzen. Einige Spritzer Zitronensaft untermischen.

Den Sellerie waschen und schälen. In acht mitteldicke Scheiben schneiden. In Salzwasser bissfest kochen (nicht zu weich). Aus dem Wasser heben und abtropfen lassen.

2 Teller bereitstellen. Ein geschlagenes Ei auf den einen Teller und die Burgermischung auf den anderen Teller. Die Selleriescheiben erst in Ei, dann in der Trockenmischung wenden. (Die Trockenmischung kann auch durch gemahlene Nüsse ersetzt werden. Schmeckt auch köstlich.)

Dann in heißem Öl goldgelb ausbacken.
Für die Sauce die Sahne schlagen. 5 Esslöffel Gemüsebrühe mit dem Frischkäse vermischen. Den Orangensaft dazugeben. Die Sahne unterheben und die Minze untermischen.

Die Sauce auf den vier Tellern verteilen. Die Selleriescheiben darauflegen und mit einem Portionierring den Wildreis neben die Selleriescheiben setzen. Um den Reis die Karottenstreifen legen.

Den Schnittlauch über den Teller streuen.

Herbst

Kartoffelsalat mit Kapuzinerkresse, Blütenkapern und Saitanschnitzel

Zutaten:
(für vier Personen)

- 1 kg fest kochende Kartoffeln
- 1 Zwiebel
- 1 Esslöffel Senf
- 2 Esslöffel Essig
- ½ l Gemüsebrühe
- gutes Salz und guter Pfeffer aus der Pfeffermühle
- 1 Prise Rohrzucker
- 3 Esslöffel Mayonnaise
- 10 Kapuzinerkresseblätter
- 5 Blüten für die Deko
- 1 gestrichener Esslöffel Blütenkapern

Für die Schnitzel:

- 2 Packungen Saitan aus dem Bioladen
- gutes Salz
- frischer Pfeffer
- 1 Ei
- Semmelbrösel für die Panade
- 1 Zitrone
- Butter zum Ausbraten

Zubereitung:

Die Blütenkapern werden wie folgt schon im Frühling hergestellt:

20 Kapuzinerkresseknospen, 20 Gänseblümchenknospen, 10 Knospen vom Spitzwegerich. Die Knospen werden leicht blanchiert. 250 ml kochendes Wasser wird mit 90g Salz versetzt. Noch einmal aufkochen. Dann der Lauge 50ml Essig hinzufügen, mit Estragon, einer Knoblauchzehe und einigen Kresseblättern verfeinern. Die Knospen in die heiße Lauge geben und in ein sauberes Schraubglas füllen. Mit Öl luftdicht abdecken und fest verschließen.

Für den Kartoffelsalat:

Die Pellkartoffeln bissfest kochen, pellen und in dünne Scheiben schneiden. In ein hohes Gefäß die heiße Gemüsebrühe füllen, Senf, Essig, Salz, Zucker und Mayonnaise mit der Gemüsebrühe schnell verschlagen. Alles über die Kartoffeln geben und vorsichtig untermischen. Mindesten vier Stunden ziehen lassen. Vor dem Servieren den Kartoffelsalat noch einmal mit Salz und Pfeffer gut abschmecken. (Sollte er zu trocken sein, noch ein wenig Gemüsebrühe hinzugeben.)

Die Kapuzinerblätter fein hacken und mit den Kapern zusammen unter den Salat mischen.

Wenn man Mayonnaise selbst herstellen möchte, nimmt man:

- 2 große Eigelb
- 1/4 Teelöffel Senfpulver
- 1/4 Teelöffel Salz
- 2 Teelöffel Weißweinessig
- frischen Pfeffer
- 2 Teelöffel Zitronensaft
- 200 ml kaltgepresstes Sonnenblumenöl

Eigelb, Salz, Pfeffer, Senfpulver, Essig und Zitronensaft in einer Glasschüssel verquirlen. Nun wird das Öl unter ständigem Quirlen tröpfchenweise dazugegeben. Solange weiterquirlen, bis die Mayonnaise sämig ist. Man kann noch fein gehackte Kräuter dazugeben, frisch gepressten Knoblauch oder aber auch Zitrone oder Orange.

Die Zubereitung der Saitanschnitzel:
Den Saitan in vier gleichgroße Scheiben schneiden. Auf zwei Teller ein geschlagenes Ei und Semmelbrösel geben. Das Ei pfeffern und salzen. Die Saitanscheiben nun zuerst in dem Ei und dann in den Semmelbröseln wenden. In heißer Butter goldgelb backen. Mit Zitronensaft beträufeln.

Kartoffelsalat und das Saitanschnitzel mit einer Scheibe Zitrone auf den Tellern dekorieren. Kapuzinerkresseblüten über den Kartoffelsalat geben.

Zwetschkenblätterteigküchlein an einer Vanillesauce mit gezuckerten Gänseblümchen

Zutaten:
(für vier Personen)

Für die 5 Küchlein:
- 8 vollreife Zwetschken
- 2 Teelöffel Ahornsirup
- 1 Packung Butterblätterteig aus dem Bioladen

Für die Vanillesauce:
- 5 Eigelb
- 1 Esslöffel Rohrzucker
- Mark aus einer Vanilleschote
- 1 Teelöffel Speisestärke
- 300 ml Milch
- 200 ml süße Sahne

Für die Gänseblümchen:
- 12 Gänseblümchenblüten
- 1 Esslöffel feinen Rohrzucker

Zubereitung:
Die Gänseblümchen leicht abspülen und im Zucker wälzen. Trocknen lassen.

Die Zwetschken waschen, halbieren und entsteinen. Mit dem Ahornsirup vermischen.
Den Blätterteig antauen und in acht gleichgroße Teile schneiden.
Immer zwei Hälften Zwetschken auf ein Blätterteigstück legen. Zusammenfalten und mit einer Gabel die Ränder andrücken, so dass ein Muster entsteht. Nun die Küchlein im Herd ca. 30 min. goldgelb backen.

Für die Vanillesauce die Sahne, die Milch und das Vanillemark in einen Topf geben und aufkochen lassen. In der Zwischenzeit den Zucker mit dem Eigelb mischen und die Speisestärke mit dem Schneebesen unterquirlen. Schaumig rühren. Nun alles in die kochende Milch gießen und mit dem Schneebesen aufquirlen. Vom Herd nehmen und auf vier Teller verteilen.

Die noch warmen Küchlein auf die Vanillesauce geben und mit den gezuckerten Gänseblümchen garnieren.

Holunderbeereis auf einer Sanddornsauce

Zutaten:
(für vier Personen)

Für das Eis:

- 500g Holunderbeeren
- 1 unbehandelte Zitrone (die geriebene Schale und den Saft)
- 1 Zimtstange
- 2 Nelken
- 80g Rohrzucker
- 1 Päckchen Vanillezucker
- 2 Becher Schlagsahne
- ⅛ l Holundersaft oder auch Rotwein

Für die Sauce:

- 5 Esslöffel schon gesüßten Sanddornsaft (gibt es im Bioladen oder Reformhaus)
- 1 Esslöffel Schmand
- 100ml geschlagene süße Sahne

Für die Dekoration:

- Sanddornzweiglein

Zubereitung:

Für das Eis (muss mindesten 3 Stunden gefrieren) die Holunderbeeren mit einer Gabel vorsichtig von den

Dolden ziehen und waschen. Mit Holundersaft (oder Rotwein), der geriebenen Zitronenschale, der Zimtstange, den Nelken und dem Zucker zum Kochen bringen und bei schwacher Hitze zehn Minuten köcheln lassen.

Vom Herd nehmen und die Gewürze entfernen.
Abkühlen lassen und pürieren. Jetzt den Zitronensaft zugeben.
Die Sahne mit dem Vanillezucker steif schlagen und unter die Holunderbeermasse heben. Das Eis in vier Förmchen portionieren. Mit Alufolie abdecken und mindestens drei Stunden gefrieren lassen.

In der Zwischenzeit die Sauce herstellen:
Die Sahne steif schlagen. Den Sanddornsaft mit dem Schmand mischen und unter die Sahne heben. Kühl stellen. Vor dem Servieren die Eisförmchen zum Antauen herausstellen.Die Sanddornsauce auf vier Dessertteller verteilen. Den Rand der Teller mit gutem Zucker bestäuben.

Dessert (Herbst)

Geschichtete Schokoladen - Blaubeercreme mit Schokoladenminze

Zutaten:
(für vier Personen)

Für die Mascarponecreme:

- 250 g Mascarpone
- 2 Esslöffel Joghurt
- 2 Hand voll Blaubeeren
- 4 Teelöffel Blaubeersauce
- 6 Minzeblätter
- 4 Pfefferminzblätter

5 Minzeblätter im Schokoladenmantel:

- 1 Esslöffel Kakao
- 2 Esslöffel Ahornsirup
- 1 Päckchen Vanillezucker
- 1 kleine Hand voll Amarettini
- 1 Schuss Amarettolikör
- 1 Teelöffel Rohrzucker
- 1 halbe Bitterschokolade (sehr gute Qualität)

Für die Sauce:

- 200 g frische Blaubeeren
- 1 Esslöffel Rohrzucker

Zubereitung:
Mascarpone mit Joghurt und dem Ahornsirup mischen. Mit dem Mixer glatt rühren. In 2 Hälften teilen. Den einen Teil mit dem Kakao mischen und mixen, den anderen Teil mit der Hälfte der frischen Blaubeeren mischen und dem Päckchen Vanillezucker. Auch gut mixen.

Die Amarettini in einem kleinen Beutelchen zerdrücken. Dann die Amarettini in ein Schälchen geben und einen Schuss Likör darübergießen. Ziehen lassen. In der Zwischenzeit die feine Bitterschokolade im Wasserbad schmelzen lassen und die Minzeblätter in die Schokolade tauchen. Abkühlen lassen. Die restliche Schokolade auf ein Brett mit Backpapier in „Gitterlinien" tropfen. Im Kühlschrank kühlen.
Nun die Sauce zubereiten. Die restlichen Blaubeeren (bis auf einen Teelöffel voll) leicht pürieren und mit dem Zucker mischen. Die Minzeblätter fein wiegen.

Nun vier Kelchgläser nehmen. Die Amarettinimasse mit einem Löffel in die Gläser füllen. Die zurückbehaltenen Blaubeeren darüber geben. Nun eine kleine Schicht fein gehackte Minze.

Dann die Vanilleblaubeercreme darüber geben, die Blaubeersauce, dann die Schokoladensauce. Zum Schluss die restliche Minze darüber streuen. In die Mitte ein Amarettiniplätzchen und die Schokominze geben. Alles kalt stellen.
In der Zwischenzeit die Schokoladengitter vorsichtig vom Backpapier lösen. Vor dem Servieren auf die Creme stecken.

In die Mitte des Tellers das Eis stürzen oder aber im Förmchen belassen. Jeweils mit einem Sanddornzweiglein dekorieren.

Fingerfood (Herbst)

Camembert-Walnussaufstrich mit wildem Meerrettich und Wildkräutern, garniert mit Orangenfilet, Balsamicoerdbeeren und Walnuss mit Wildblütenhonig

Zutaten:
(für ca. vier Personen)

- 1 kleiner Camembert
- 1 Esslöffel Frischkäse
- 2 Esslöffel gemahlene Walnüsse
- 4 Hälften Walnüsse zum Garnieren
- 1 Teelöffel geriebenen wilden Meerrettich oder Meerrettichpaste
- Wildkräuter:
  3 junge Schafgarbeblätter
  Kresse oder Schaumkräuter
  1 Spitzwegerichblatt
  2 - 3 Blätter Gundelrebe (oder aber andere kräftig schmeckende Wildkräuter)
- 1 Esslöffel Walnuss- oder Arganöl
- gutes Salz, Pfeffer
- 1 Esslöffel Wildblütenhonig
- ½ Orange
- Balsamicoessigcreme

- 4 Erdbeeren
- Zahnstocher
- Baguettebrot

Zubereitung:

Camembert mit einer Gabel zerdrücken, mit Salz, Pfeffer und Öl abschmecken. Frischkäse und geriebene Walnüsse hinzugeben. Kräuter waschen und fein hacken. Mit dem Meerrettich zum Käse geben. Den Käseaufstrich auf die Baguettescheiben streichen. (Auch auf geröstetem Brot oder Knoblauchbrot schmeckt der Aufstrich ausgezeichnet.)
Die Walnusshälften ohne Öl in der Pfanne anrösten, in Honig wenden.

4 Orangenfiletstücke auslösen, 4 Erdbeeren mit der Balsamicoessigcreme beträufeln. Orangenfilet, Erdbeeren und Nusshälften mit einem Zahnstocher auf dem Brot fixieren.

Fingerfood (Herbst)

Eierscheiben gefüllt mit gerösteten Brennnesselsamen, Giersch und Brennnesselspitzen auf Meerrettichbutter und Kresse mit gerösteten Pinienkernen

Zutaten:
(für ca. 4 Personen)

- 4 frische Bioeier
- 1 Hand voll zarte Brennnesselspitzen und junge Gierschblätter
- 1 Esslöffel Brennnesselsamen
- 1 Teelöffel geriebener wilder Meerrettich oder Meerrettichpaste
- frische Kresse
- geriebene Muskatnuss
- gutes Salz
- kaltgepresstes, natives Olivenöl
- 1 Teelöffel gemahlene Pinienkerne
- geröstete Pinienkerne für die Deko
- Vollkorn- oder Weißbrot
- Butter

Zubereitung:
Eier kochen, abschrecken, schälen und in Scheiben schneiden. Das Eigelb herausnehmen und in einem

Schälchen beiseite stellen. Fein gehackte Brennnesselspitzen und Gierschblätter in einem Topf mit Olivenöl kurz andünsten. Mit Muskatnuss und Salz würzen.

Brennnesselsamen ohne Öl in einer Pfanne kurz anrösten.

Eigelb mit den Brennnesselspitzen, den Gierschblättern und den gerösteten Brennnesselsamen vermischen. Alles in die Eierringe füllen.

Die Butter mit dem Meerrettich und den Kresseblättchen vermischen und auf das Brot streichen. Die gefüllten Eierscheiben darauf legen. Mit frischer Kresse und den gerösteten Pinienkernen garnieren.

Fingerfood (Herbst)

Avocado - Limettenaufstrich mit Minze und einem Hagebuttenschiffchen

Zutaten:
(für ca. 4 Personen)

- 2 reife Avocados
- gutes Salz
- Saft einer halben Limette
- einige Blättchen frische Zitronenminze und Ananasminze (Pfefferminze oder eine andere Minzesorte kann auch benutzt werden)
- 1 Teelöffel Orangensaft

Für das Hagebuttenschiffchen

- 8 vollreife Hagebutten
- 2 Esslöffel Frischkäse
- 8 kleine Blätter Kapuzinerkresse
- 4 Blüten der Kapuzinerkresse
- 4 Zahnstocher
- 4 Schwarz- oder Weißbrotscheiben

Zubereitung:
Die reifen Avocados halbieren und mit einem Esslöffel das Fruchtfleisch herausnehmen. Mit dem Saft der halben Limette, dem Orangensaft und dem Salz abschmecken. Minze sehr fein hacken und dazugeben. Alles auf den gerösteten Brotscheiben anrichten.

Für das Hagebuttenschiffchen Hagebutten waschen, an beiden Seiten Blütenansatz und Stiel entfernen, mit einer scharfen Küchenschere längs halbieren und die Kerne herausschaben. Noch einmal gründlich waschen, denn die Samen kratzen im Hals.

Dann die Hagebuttenhälften vorsichtig mit Frischkäse füllen und mit einem Zahnstocher ein Kapuzinerblatt wie ein Segel befestigen. Den Zahnstocher in das Hagebuttenschiffchen spießen und je zwei Schiffchen auf dem Avocadobrot garnieren. (Hübsch sehen auch die Blüten der Kapuzinerkresse zusätzlich als Deko auf dem Brot aus.)

Getränke (Herbst)

Wildbeerenbeifußaperitif

Zutaten:

- 1 Tasse Brombeersaft
- ½ Tasse Sanddornsaft
- 2 Esslöffel Ahornsirup oder Honig
- ½ l Wasser
- eventuell Saft von einer halben Orange (macht den Geschmack etwas lieblicher)
- 2 Beifußspitzen (von der Blüte)

Zubereitung:
Den Beifuß in dem kochenden Wasser ziehen lassen (5 min.). Dann das Wasser abkühlen lassen. Die Säfte mit dem Ahornsirup oder Honig in das Beifußwasser geben. Gut umrühren. Man kann statt des Sanddorns auch Holunderbeerensaft nehmen.
Und statt gekühlt ist es auch heiß serviert ein schönes Getränk für kalte Tage.

Schafgarbe - Heidekrautlikör

Zutaten:

- 1 große Hand Schafgarbeblüten (können auch getrocknet sein)
- 1 kleine Hand Heidekrautblüten
- 1 Liter Obstler
- 2 Esslöffel Honig

Zubereitung:
Die Schafgarbeblüten und die Heidekrautblüten in ein Glasgefäß füllen, mit dem Obstler übergießen und den Honig zufügen. Das Gefäß verschließen und sechs Wochen an einen warmen, sonnigen Ort stellen.

Abseihen und in saubere Flaschen füllen.

Holunderbeerensaft und -likör

Zutaten:

- 2,5 l Holunderbeeren (etwa einen halben, kleinen Eimer voll)
- 1 kg Zucker
- 5 säuerliche Äpfel
- Saft von zwei Zitronen
- Für den Likör benötigt man keine Äpfel, aber ich füge noch eine Stange Zimt und fünf Nelken hinzu.
- 2 l Obstler

Zubereitung:
Die vollreifen Holunderbeeren vorsichtig schütteln, waschen und mit der Gabel von den Dolden ziehen. Unreife und vertrocknete Beeren herauslesen. Apfel schälen, vierteln und das Kerngehäuse ausschneiden. Alles in den Entsafter füllen. Den Saft auffangen und in einem großen Topf mit dem Zucker gut durchkochen. (Der rohe Saft und rohe Beeren können schwere Magenschmerzen, Krämpfe und Erbrechen hervorrufen. Gekocht sind Holunderbeere aber für den Körper eine Wohltat. Sie enthalten viel Vitamin C, stärken die körpereigenen Abwehrkräfte und machen uns fit für den Winter.)

In den Saft den Zitronensaft geben, noch ganz heiß in saubere Flaschen füllen und gut zuschrauben.

Für den Likör:
Holundersaft ohne Äpfel und Zitrone, aber gesüßt zubereiten. Abkühlen lassen. In den Saft die Gewürze geben, mit Obstler auffüllen und in große Glasgefäße oder einen Ballon gießen. Nach vier Wochen abseihen und in saubere Flaschen umfüllen.

Rote Bete in Senfmeerrettichsauce mit gebratenem Räuchertofu und Barbarakraut

Zutaten:
(für vier Personen)

- 1 große Rote Bete oder 2 kleine
- Senf
- wilder geriebener Meerrettich (oder Meerrettichpaste)
- Gemüsebrühe
- Mehl zum Abbinden der Sauce
- 1 Teelöffel Kümmel
- 1 Packung Räuchertofu
- 1 Orange
- 1 Strauß Barbarakraut (oder eine andere Kressesorte)
- bei Bedarf 1 Esslöffel süße Sahne

Zubereitung:
Rote Bete schälen und in feine Scheiben schneiden. In der Gemüsebrühe mit einem Esslöffel Senf und einem Teelöffel Kümmel bissfest kochen. (Sehr aromatisch sind im Sommer gesammelter Wiesenkümmel oder die Samen des Laserkrautes. Diese jedoch sehr sparsam verwenden. Ganz einfach gekaufte Kümmelsamen sind natürlich auch gut.)

Die Rote Bete aus dem Sud nehmen und abtropfen lassen. In der Zwischenzeit aus einem viertel Liter des Suds eine Sauce herstellen. In den Sud das Mehl mit einem Schneebesen einquirlen und alles unter ständigem Rühren aufkochen. Einen Teelöffel geriebenen Meerrettich dazugeben und bei Bedarf etwas Senf. Mit dem Saft einer halben Orange abschmecken. Für einen eher milderen Geschmack mit einem Esslöffel Sahne verrühren.

Den Räuchertofu in feine Scheiben schneiden und von beiden Seiten braten. Das Barbarakraut waschen und fein schneiden. Einige Blätter als Deko beiseite legen. Die heiße Sauce auf vier Teller verteilen. Darauf die Rote Betescheiben. Zum Schluss das Barbarakraut darüber streuen und mit den Blättchen dekorieren. Die restliche halbe Orange in vier feine Scheiben schneiden, einschneiden und als „Hütchen" am Tellerrand platzieren.

Für eine vollwertige Mahlzeit kross gebratene Kartoffelscheiben oder Kartoffelspalten reichen.

Vorspeisen (Winter)

Blumenkohlbrennnesselpuffer auf einer Zucchinisauce, bestreut mit Brennnesselsamen

Zutaten.
(für vier Personen)

- 1 kleiner Blumenkohl (ca. 500 - 600 g)
- 3 Eier
- 1 Becher Crème fraîche
- 1 Teelöffel Mehl
- gutes Salz
- Pfeffer
- 1 Prise Rohrzucker
- 1 Messerspitze Curry
- 1 Sträußlein feine Brennnesseln
- 1 Esslöffel gehackte Petersilie
- ½ Bund Schnittlauch
- 1 Teelöffel Brennnesselsamen (Die Brennnesselsamen können im Frühherbst geerntet werden. Einfach die reifen Samen von den weiblichen Pflanzen streifen, nachtrocknen und in lichtdichte Behälter füllen. Besonders eignet sich Violettglas. Brennnesselsamen sind ein hervorragendes Stärkungsmittel.)
- Öl zum Braten

Für die Sauce:

- 1 Zucchini (ca. 400g)
- 1 kleine Zwiebel
- 1 zerdrückte Knoblauchzehe
- 1 Esslöffel Butter
- ½ l Milch
- 150 g Kräuterfrischkäse
- gutes Salz
- Pfeffer

Zubereitung:

Den Blumenkohl waschen und klein schneiden.

Eier, Crème fraîche und das Mehl zu einem Teig verarbeiten. Mit Salz, Pfeffer, Curry und einer Prise Zucker abschmecken. Brennnessel, Petersilie und Schnittlauch fein hacken und unter die Masse heben. Den geschnittenen Blumenkohl in die Masse geben. Etwas Öl in der Pfanne erhitzen und die Puffer auf beiden Seiten goldgelb ausbacken.

Für die Sauce nun die Zucchini fein raspeln. Zwiebeln fein hacken und mit dem zerdrückten Knoblauch in der Butter andünsten. Zucchini dazugeben. Auch andünsten. Mit der dazu gegebenen Milch eine viertel Stunde garen. Gemüse mit dem Pürierstab pürieren. Eine Packung Frischkäse unterziehen.

Die Sauce vorsichtig erhitzen. Mit Salz und Pfeffer abschmecken. Die Sauce auf vier Teller verteilen. Die Puffer darauf geben. Mit den Brennnesselsamen bestreuen.
Bei einem vollwertigen Gericht kann man einen Rucolasalat zu den Puffern reichen.

Gebratene Kürbisschiffchen in einer Haselnusspanade auf einem Preiselbeerspiegel und Wegerichblättern

Zutaten:
(für vier Personen)

- 1 kleiner Hokkaidokürbis
- 150 g geriebene Haselnüsse
- ½ l Apfelsaft
- Piment
- 4 - 5 Wacholderbeeren
- frischer Ingwer
- gutes Salz
- Gemüsebrühe
- 2 Lorbeerblätter
- 1 Ei
- Öl zum Braten

Für den Preiselbeerspiegel:

- 1 kleines Glas Preiselbeeren
- 2 Esslöffel Schmand
- Pfeffer
- gehackte Wegerichsorten (z.B. Spitz-, Mittel-, Breitwegerich oder den etwas herber schmeckenden Hirschgeweihwegerich)

Zubereitung:

Den Kürbis waschen und halbieren. Den Kürbis aushöhlen. Mit der Schale vierteln. In einen Topf Gemüsebrühe mit Piment, einer Messerspitze geriebenem Ingwer, Lorbeerblättern und Wacholderbeeren geben. Nun mit dem Apfelsaft auffüllen.

Die Kürbisviertel in dem Sud bissfest garen, herausnehmen und abtropfen lassen.
Die Kürbisviertel in Ei und anschließend in den gemahlenen Haselnüssen wenden.
In einer Pfanne Öl erhitzen und die Kürbisse knusprig braten.

Die Preiselbeeren pürieren. Mit dem Schmand und dem Pfeffer würzen und vorsichtig erwärmen. Wegerichsorten waschen und großzügig hacken. Den Preiselbeerspiegel auf vier Teller verteilen. Die Kürbisviertel hineinlegen und mit den Wegerichblättern bestreuen.

Dazu passt Knoblauchbrot sehr gut.

Rote Bete - Suppe mit Wildkräuterbrot

Zutaten:
(für vier Personen)

- 1 Zwiebel
- gutes Salz und Pfeffer
- 2 Wacholderbeeren
- wenn vorhanden, fein geschnittene Meerrettichblätter oder ein wenig Kresse
- 1 Esslöffel Butter
- 4 mittlere Kartoffeln
- 1 Esslöffel gutes Öl
- 500 g gekochte und gewürfelte Rote Bete
- 1/4 l Gemüsebrühe
- 1 Esslöffel Zitronensaft
- abgeriebene Schale einer unbehandelten Zitrone
- 1 knappen Teelöffel Senf
- bei Bedarf etwas Sahne

Für das Brot:

- ein frisches Baguettebrot
- 100 g Butter
- 1 Hand voll Wildkräuter oder zwei Esslöffel Wildkräuterpesto

Zubereitung:

Die Zwiebel schälen und fein schneiden. Im Topf mit der Butter glasig dünsten. Die Kartoffeln dazugeben und weitere zehn Minuten dünsten. Umrühren. Die schon gekochte Rote Bete und die Gemüsebrühe mit den Wacholderbeeren dazugeben. (Wenn man die Rote Bete kocht, ist es ratsam, einen gehäuften Esslöffel Kümmel und ein Lorbeerblatt dazuzugeben. Es gibt aber auch im Bioladen, wenn es schnell gehen muss, gekochte, abgepackte Rote Bete zu kaufen. Frisch gekocht schmeckt sie allerdings feiner.) Weitere zwanzig Minuten köcheln, bis die Kartoffeln weich sind.

Nun die Suppe pürieren, mit der geriebenen Zitronenschale, dem Zitronensaft, Salz, Pfeffer und dem Teelöffel Senf abschmecken.

Bei Bedarf noch einen Esslöffel Öl unterziehen. Nun die Suppe in die vorgewärmten Teller gießen und mit den fein geschnittenen Meerrettichblättern oder der Kresse (Barbarakraut schmeckt dazu auch gut) dekorieren. Wer möchte, kann auf die Suppe einen Spritzer Sahne geben.

Wildkräuterbaguettebrot:
Brot in dicke Scheiben schneiden. Wildkräuter fein hacken und mit der zimmerwarmen Butter vermengen (oder dem Wildkräuterpesto).
Alles auf die Brotscheiben streichen. Das Brot wieder zusammenfügen und in eine Alufolie wickeln. Im Backofen bei 200 Grad 12 min. grillen. Heiß servieren.

Für die Herstellung von Suppen benötigt man Gemüsebrühe. Entweder kann man ein Extrakt im Bioladen kaufen oder man stellt die Gemüsebrühe selber her:

Gemüsebrühe

- 1 Stange Sellerie
- 1 Zwiebel
- 3 Knoblauchzehen
- 1 große Karotte
- 1 Zweig Liebstöckel
- 1 Bund Petersilie
- 1 Stange Porree

Alles waschen und klein schneiden. In einen Topf geben, mit reichlich Wasser auffüllen. Aufkochen lassen und dann bei halbgeöffnetem Deckel bei schwacher Hitze eine Stunde köcheln lassen. Zum Schluss durchsieben. Für einen besonders kräftigen Geschmack kann man einen halben Teelöffel Hefeextrakt dazugeben.

Für die folgenden Suppen habe ich zum Andicken Kartoffeln benutzt. Natürlich kann man auch, gerade bei den Wildkräutersuppen, Reis, Getreide oder auch Nudeln benutzen. Da sind der Experimentierfreude wenig Grenzen gesetzt. Ich habe die Rezepte aufgeschrieben, die ich am meisten mag.

Herzhafte Hagebuttensuppe mit Mangold

Zutaten:
(für vier Personen)

- 1 kleine Paprika
- 4 Mangoldblätter mit Stängel
- 1 Zwiebel
- 5 mittlere Kartoffeln
- 1 Stück Sellerie
- kaltgepresstes, natives Olivenöl
- gutes Salz und frischer Pfeffer
- 1 Lorbeerblatt
- 3 - 4 Wacholderbeeren
- 3 Pimentkörner
- 2 Liter Gemüsebrühe
- 1 Esslöffel Butter
- 3 Hände frische Hagebutte oder 4 Esslöffel Hagebuttenmark
- etwas Rohrzucker
- 1 kleiner Apfel
- 1 Messerspitze scharfe Currypaste (Wer es nicht so scharf mag, kann die Paste auch weglassen.)
- ein halbes Bund Blattpetersilie

Zubereitung:
Die Kartoffeln schälen, waschen und sehr klein vierteln, ebenso die Paprika und den Sellerie. Dann die Zwiebel schälen und fein schneiden. Die Hagebutten vom Stielansatz und der Blüte befreien, halbieren und dann in Öl mit einer Prise Zucker im Topf anbraten. Mit einem Liter Gemüsebrühe ungefähr vierzig Minuten weich kochen.

Wenn die Hagebutten weich sind, sie durch ein Sieb streichen, so dass die Kerne im Sieb bleiben. Das Hagebuttenmark beiseite stellen. (Hagebutten erntet man nach dem ersten Frost. Dann ist das Fruchtfleisch weicher und lässt sich besser kochen. Ich habe die Suppe allerdings auch schon im Herbst vor den ersten Frösten gekocht. Schmeckt auch lecker. Frische, noch harte Hagebutten, schmecken roh köstlich. Allerdings muss man die Kerne vor dem Essen entfernen. Sie kratzen im Hals.)

Nun Mangold waschen, Stiel und Blätter trennen. Die Stiele in sehr feine Streifen schneiden. Die Goldblätter grob hacken.

Nun die Zwiebel in einem Topf mit der Butter glasig dünsten. Nach ca. 5 min. den Sellerie, die klein geschnittenen Mangoldstiele, den geschälten und klein geschnittenen Apfel und die Paprika dazugeben, unter ständigem Rühren weiter anbraten. Jetzt einen Esslöffel Olivenöl hinzugeben. Die Pimentkörner, die Wacholderbeeren und das Lorbeerblatt hinzufügen. Alles umrühren und weitere fünf Minuten anschwitzen lassen. Zum Schluss kommen die Kartoffeln dazu. Mit einem Liter Gemüsebrühe ablöschen, umrühren und dann zugedeckt ca. fünfzehn Minuten köcheln lassen. Nun die klein gehackten Mangoldblätter hinzugeben. Wenn das Gemüse weich ist, die Suppe mit Salz und Pfeffer würzen. Bei Bedarf mit einer Messerspitze Currypaste abrunden. Die Suppe leicht anpürieren und das Hagebuttenmark unter die Suppe rühren. Die Suppe in vier vorgewärmte Suppenteller geben und mit der gehackten Blattpetersilie garnieren.

Maronen - Orangenschaum-süppchen mit Ingwer

Zutaten:
(für vier Personen)

- 1 Packung schon gekochte Maronen (Oder zwei große Hände voll Maronen. In die Schale der Maronen ein Kreuz einritzen und im Backofen 12 Minuten backen, bis die Schale aufspringt. Dann schälen.)
- 1 Esslöffel Maronenmehl
- 1 Orange
- Saft von 1 ½ Orangen
- 1 Messerspitze frisch geriebener Ingwer
- 1 halbe Pastinake
- gutes Salz
- ½ l Gemüsebrühe
- ¼ l geschlagene Sahne
- 1 - 2 Fädchen Safran
- gutes Öl
- eine Prise Rohrzucker

Zubereitung:
Die Maronen mit der Gabel fein zerdrücken. Salzen. Die Pastinake waschen, schälen und in dünne Scheiben

schneiden. In Öl und mit einer Prise Zucker anbraten. Die Gemüsebrühe zum Kochen bringen. Pastinakenscheiben und das Maronenmus hinzufügen. Gut umrühren. Angerührtes Maronenmehl zum Andicken hinzugeben. Alles pürieren.

Den frischen Ingwer hinzufügen und die Safranfädchen. Den Orangensaft dazugießen.
Die geschlagene süße Sahne unterheben. In vorgewärmte Teller geben und mit einer dünnen Orangenscheibe dekorieren.

Die Suppe besitzt einen leicht süßlichen Geschmack. Ich habe auch schon eine Messerspitze geriebenen Knoblauch in die pürierte Suppe gegeben. Dann bekommt die Süße eine Schärfe hinzu. Einfach mal ausprobieren.

Hauptgerichte (Winter)

Esskastanienbraten mit Rotkraut und Rosmarinschwenkkartoffeln auf Preiselbeerbratensauce

Zutaten:
(für vier Personen)

Für den Braten:

- 1 kleine Stange Sellerie
- 1 große Zwiebel
- 2 Esslöffel Zitronensaft
- gutes Salz
- frisch gemahlener Pfeffer aus der Mühle
- 1 zerdrückte Knoblauchzehe
- 5 Esslöffel Öl
- 1 kleine Hand voll frische Schwarzbrotkrumen
- Paniermehl zum Panieren
- 1 Kilo frische Esskastanien oder zwei Packungen schon gekochte Kastanien
- 1 halbes Bund Petersilie

Für die Kartoffeln:

- 750 g Kartoffeln
- gutes Salz
- Wasser

- frischer Rosmarin
- 4 kleine Rosmarinzweige für die Deko

Für das Rotkraut:

- ein Kilo in feine Streifen geschnittener Rotkohl
- 1 große Zwiebel
- gutes Salz
- 1 Prise Zucker
- 1 Lorbeerblatt
- 3 Pimentkörner
- 2 Nelken
- 2 Esslöffel Öl
- vegetarisches Schmalz
- 1 Tasse Wasser

Für die Preiselbeerbratensauce:

- ½ l Gemüsebrühe
- 1 kleine Zwiebel
- 1 zerdrückte Knoblauchzehe
- gutes Salz
- schwarzer frischer Pfeffer

- 1 Teelöffel Hefeextrakt
- 2 Esslöffel Sojasauce
- 2 Esslöffel kaltgepresstes, natives Olivenöl
- 2 Esslöffel Mehl zum Abbinden
- 2 Esslöffel Preiselbeerenkompott
- eventuell 1 Esslöffel süße Sahne

Zubereitung:

Kastanienbraten:

Die Zwiebeln und den Sellerie fein hacken und in der Butter andünsten (ca. 10 min.). Frische Kastanien waschen, ein Kreuz in die Schale ritzen und ca. 15 min. im Backofen backen, bis sie innen schön weich sind. Die Schale öffnen und das Fruchtfleisch herausholen. Die Esskastanien in einer Schüssel mit einer Gabel fein zerdrücken. Zwiebel und Sellerie zufügen. Gründlich vermischen. Die fein gehackte Petersilie, Zitronensaft und Knoblauch dazugeben und alles zu einem Teig verkneten. Einige frische Brotkrumen unterkneten, bis der Teig schön klebt. Die Gewürze zugeben und den Teig zu einer Rolle formen. Die Rolle in den Semmelbröseln wenden. Nun den Backofen vorheizen und in eine Kasserolle das Öl füllen. Das Öl im Ofen stark erhitzen. Erst dann den Braten hineinlegen und wenden, bis der Braten von allen Seiten mit Öl überzogen ist. Dann den Braten ca. 45 - 50 min. im Ofen knusprig-braun backen. Immer mal wieder mit Öl beträufeln, damit er saftig bleibt. Den fertigen Braten in dicke Scheiben schneiden.

Rotkohl:
Die Rotkohlstreifen in einen Topf geben. Mit Wasser bedecken. Das Wasser sprudelnd aufkochen lassen. Nun den Kohl abgießen, in ein Sieb geben und mit kaltem Wasser abspülen. Die Zwiebel schälen und fein schneiden. In einem großen Topf in dem Öl fein anbraten. Nun das Rotkraut hinzufügen. Eine Tasse Wasser und die Gewürze dazugeben. Umrühren und dann eine knappe Stunde bei geschlossenem Topfdeckel leise köcheln lassen. Der Rotkohl sollte schön weich sein. Mit Salz und Zucker abschmecken. Wer es deftig mag, kann das vegetarische Schmalz untermischen.

Preiselbeerbratensauce:
Die Zwiebeln schälen und fein schneiden. Im Öl glasig dünsten (ca. 5 min). Das Mehl dazugeben, unter Rühren noch fünf Minuten schwitzen lassen. (Alles sollte eine breiige Konsistenz haben.) Den Knoblauch einrühren und schluckweise die Gemüsebrühe unter ständigem Rühren hinzugießen. Aufkochen und zehn Minuten köcheln lassen. Die Sauce durch ein Sieb passieren, den Hefeextrakt und die Sojasauce unterrühren. Salzen und pfeffern. Zum Schluss das

Preiselbeerkompott unterziehen. Zur Verfeinerung kann man einen Esslöffel süße Sahne verwenden.

Rosmarinschwenkkartoffeln:
Die Kartoffeln schälen und im Salzwasser bissfest kochen. Die Rosmarinblätter vom Zweig zupfen. Die fertigen Kartoffeln abgießen und auf der Herdplatte im Topf trocken schwenken. In eine Schüssel geben. Die Butter im Topf schmelzen, Rosmarin dazugeben und in der Butter schwenken. Zum Schluss die Kartoffeln zurückgeben und in der Rosmarinbutter schwenken, bis sie mit Butter überzogen sind.

Die Sauce auf den vier Tellern verteilen, den Braten darauf legen. Mit Rotkohl und Kartoffeln servieren. Mit einem Rosmarinzweig dekorieren.

Hauptgerichte (Winter)

Nussbällchen mit Brennnesselsamen auf scharfer, roter Sauce mit Pommes frites und einem Winterwildgemüsesalat

Zutaten:
(für vier Personen)

- 175 g gemahlene Haselnüsse
- 50 g gemahlene Cashewnüsse
- 50 g Butter
- 1 kleine Zwiebel
- 1 kleine Selleriestange
- 1 Esslöffel Mehl
- 1 Esslöffel Sojasauce
- 1 Teelöffel Hefeextrakt
- 1/8 l Gemüsebrühe
- 1 kleine Hand voll frische Schwarzbrotkrümel
- Semmelbrösel zum Panieren
- gutes Salz
- frischer Pfeffer aus der Mühle
- ein gestrichener Esslöffel Brennnesselsamen

Für die Pommes frites:
- 1 Kilo Kartoffeln
- Pommes frites - Salz
- Öl zum Grillen

Für die Sauce:

- 1 kleines Glas Tomatenmark
- 1 Messerspitze scharfen Chili
- 3 Esslöffel Gemüsebrühe
- schwarzer Pfeffer
- gutes Salz
- 1 Bund frische Petersilie
- 1 Teelöffel kaltgepresstes, natives Olivenöl

Für den Salat:

- 1 Sträußlein Brunnenkresse
- 1 Hand voll Rucola, Barbarakraut und feine Rainkohlblätter
- Saft einer Zitrone
- Wasser
- 1 gestrichener Teelöffel feinen, milden Senf

Für den Salat:

- gutes Salz
- Rohrzucker

Zubereitung:

Nussbällchen:

Die Zwiebel und den Sellerie schälen und fein schneiden. In der Butter unter Rühren zehn Minuten andünsten. Mehl unterrühren und eine Minute weitergaren.

Die Brühe nach und nach unterrühren und eindicken lassen. Nun den Hefeextrakt, die Sojasauce, die geriebenen Nüsse und die Brotkrumen zugeben.

Salzen und pfeffern und die Brennnesselsamen zufügen. Alles gut mischen und zu kleinen Klößchen formen. In heißem Öl von allen Seiten braun und knusprig backen.

Für die Pommes frites:

Kartoffeln schälen und in Spalten schneiden. Ein Backblech mit Backpapier auslegen, die Kartoffelspalten darauf verteilen.

Alles mit reichlich Öl beträufeln. Im Backofen bei höchster Stufe backen, bis die Pommes frites goldbraun sind. Mit Pommes frites - Salz bestreuen. Kartoffelspalten können auch im Öl frittiert werden.

Für die Sauce:
Tomatenmark mit der Gemüsebrühe und dem Olivenöl mischen und köcheln lassen. Salzen, pfeffern und den Chili zugeben. Die fein gehackte Petersilie untermischen.

Für den Salat:
Die Brunnenkresse waschen und zupfen, Rucola, die Rainkohlblätter und das Barbarakraut ebenfalls waschen. Abtropfen lassen. Großzügig hacken. Die Zitrone in einer Schüssel mit dem Senf, einer Prise Salz und einer Prise Rohrzucker gut verquirlen. Eventuell ein wenig Wasser zugeben. Den Salat mit dem Dressing vermischen.

Auf den Tellern die Sauce mit den Nussbällchen verteilen und die Pommes frites dazugeben. In Schälchen den Salat reichen.

Wurzelgemüse auf einer Sahnesauce mit Parmesankäse und Röstkartoffeln

Zutaten:
(für vier Personen)

- 12 Schwarzwurzeln
  (Wer gerne experimentiert, kann zum Beispiel auch Klettenwurzeln, Nachtkerzenwurzeln (im ersten Jahr vor der Blüte), Glockenblumenwurzeln, Kohldistelwurzeln und Wilde Möhrenwurzeln im Herbst ausgraben. Allerdings ist dies eine mühselige Arbeit. Es ist etwas für Liebhaber, denn manche Wurzeln sind doch schon holzig. Trotzdem, es lohnt sich, es einmal auszuprobieren. Wurzeln halten sich frisch, wenn sie im Keller in eine Kiste mit Sand eingegraben werden.)
- Saft einer Zitrone
- 1 Esslöffel Parmesankäse
- gutes Salz

Für die Sauce:

- ¼ l süße Sahne
- 1 Esslöffel Mehl
- 2 Esslöffel zimmerwarme Butter
- gutes Salz

- ¼ l Gemüsebrühe
- 1 Lorbeerblatt
- 2 Muskatblüten
- frisch geriebene Muskatnuss
- ½ geschälte und fein geschnittene Zwiebel
- 1 Bund Schnittlauch
- Saft einer halben Zitrone

Für die Röstkartoffeln:

- 750 g Kartoffeln
- Öl zum Braten
- 1 Esslöffel vegetarisches Schmalz
- 1 Zwiebel
- gutes Salz

Zubereitung:

Für die Schwarzwurzeln:

Einen großen Topf mit Wasser füllen und den Saft einer Zitrone hineingeben (so verfärben sich die Schwarzwurzeln nach dem Schälen nicht). Die Schwarzwurzeln mit einem Sparschäler von der Spitze zum Schaft schälen. (Wer schwarze, klebrige Hände vermeiden will, sollte Gummihandschuhe tragen.)

Die Schwarzwurzeln unter kaltem Wasser sehr gründlich abspülen und in kleine Stücke schneiden. Sofort in das Zitronenwasser geben.
Wenn alle Wurzeln geschält sind, einen Topf mit Wasser füllen und Salz hineingeben. Die Schwarzwurzelstücke in das Wasser legen und bissfest kochen.

Für die Sahnesauce:
Die Butter im Topf schmelzen und das Mehl zugeben. Alles gut zwei bis drei Minuten verrühren. Nun mit der Gemüsebrühe ablöschen und die Gewürze zufügen. Aufkochen lassen. Jetzt unter Rühren die Sahne eingießen. Alles fünfzehn Minuten köcheln lassen. Gelegentlich umrühren. Danach die Sauce durch ein Sieb gießen. Bei Bedarf nachsalzen. Den Zitronensaft dazugeben, umrühren.
Den Schnittlauch waschen und fein schneiden. Die Hälfte unter die Sauce ziehen.

Röstkartoffeln:
Kartoffeln schälen, waschen und in Scheiben schneiden. Zwiebel schälen und fein schneiden. In Wasser (kein Salz) fünf Minuten vorkochen. Abtropfen lassen. Das Öl in eine gute Eisenpfanne gießen. Sehr heiß werden lassen. Dann die Kartoffelscheiben in das heiße Öl geben. Die Zwiebeln nach kurzer Zeit dazugeben. Anbraten lassen und immer wieder wenden. Die Kartoffelscheiben sollen knusprig und goldgelb werden. Das vegetarische Schmalz dazugeben. Wenn die Röstkartoffeln fertig sind, nach Belieben salzen.

Die Bratkartoffeln auf den Tellern anrichten. Die Schwarzwurzeln daneben legen und mit der Sahnesauce übergießen. Den Parmesan über die Schwarzwurzeln und über die Sauce streuen. Mit dem restlichen Schnittlauch dekorieren.

Maronencreme mit Marzipan auf einem Brombeerspiegel und einer gefüllten Mandelwaffel

Zutaten:
(für 4 Personen)

Für die Maronencreme:

- 200 g gesüßtes Maronenpüree (gekochte Maronen pürieren und mit Honig süßen)
- 100 g Mascarpone
- ¼ l süße Sahne (geschlagen)
- 1 kleines Stück Marzipan
- 2 Esslöffel Marzipan- oder Stracciatellajoghurt
- Saft von einer halben Orange
- Honig zum Nachsüßen (ein Waldblütenhonig eignet sich z.B. sehr gut)

Für den Brombeerspiegel:

- 350 g Brombeeren (sie können auch tiefgefroren sein)
- 6 Teelöffel Rohrzucker
- einige Spritzer Zitrone

Für die Mandelwaffel:

- 50g Butter
- 1 halber Teelöffel geriebene Mandeln
- 2 Esslöffel Ahornsirup
- 100g Rohrzucker
- 50g feines Weizenmehl
- 1 halber Teelöffel unbehandelte, geriebene Zitronenschale
- Öl zum Einfetten

Für die Füllung:

- 100g geschlagene süße Sahne
- 50g Schmand
- eventuell ein Teelöffel Holunderlikör
- 1 Esslöffel Rohrzucker oder Honig

Zubereitung:

Für die Maronencreme:

Das Maronenpüree mit dem Honig, dem Marzipan, dem Orangensaft, Mascarpone und dem Joghurt mischen und gut mixen. Eventuell nachsüßen. Die geschlagene süße Sahne unterheben und alles zu einer homogenen Masse vorsichtig verrühren. Kalt stellen.

Für den Brombeerspiegel:

Die Brombeeren mit dem Zucker mischen und pürieren. Vorsichtig, bei milder Temperatur erwärmen. Gut umrühren. Mit einigen Spritzern Zitronensaft verfeinern.

Für die gefüllten Mandelwaffeln:

Den Backofen auf 180 Grad vorheizen. Das Mehl in eine Schüssel sieben. In einem Töpfchen die Butter, den Zucker und den Ahornsirup vermischen und bei milder Temperatur schmelzen. Immer wieder gut umrühren. Vom Herd nehmen. Nun das gesiebte Mehl, die Zitronenschale und die gemahlenen Mandeln unterrühren.

Auf ein Backblech Backpapier legen. Immer ein Esslöffel Teig in größerem Abstand auf das Backblech geben. (Der Abstand muss groß genug sein, da der Teig beim Backen auseinanderläuft.) Ca. 8 min. im Ofen backen. Auf dem Blech abkühlen lassen, bis man

die Waffeln anfassen kann. Nun über ein Rundholz rasch aufwickeln (z.B. über den Stiel eines hölzernen Rührlöffels). Abkühlen lassen. (Manchmal ist es nicht ganz einfach, die Waffeln zu rollen, sie erkalten rasch, dann noch einmal für 2 min. in den Backofen geben. Dann werden sie wieder weich. Aber wenn man wenig Zeit hat, kann man die Waffeln als eine Art Oblate nehmen, auf die die Füllung gegeben wird. Schmeckt genauso gut.)
Jetzt für die Füllung den Schmand, die geschlagene Sahne, Zucker oder Honig und den Holunderlikor mischen und mit einer Garnierspritze in die Waffeln füllen.

Auf vier Teller den Brombeerspiegel geben, in die Mitte mit einem Eisportionierer die Maronencreme setzen und zwei gefüllte Mandelwaffeln dazulegen.

Dessertvarianten (Winter)

Bratapfel mit einer Maronen - Marzipanfüllung und einer Amarettosauce

Zutaten:
(für vier Personen)

Für den Bratapfel:
- 4 säuerliche Äpfel
- 1 großer Esslöffel Butter
- 2 Esslöffel Rohrzucker
- 1 Teelöffel Marzipan
- 1 Teelöffel Maronenpüree
- 1 Messerspitze gemahlener Zimt
- 1 Messerspitze gemahlene Nelken
- zum Dekorieren einen Teelöffel gebrannte Mandeln

Für die Sauce:
- 300 ml Milch
- eine Vanilleschote
- 200 ml süße Sahne
- 5 Eigelb
- 1 Esslöffel Zucker
- 1 Teelöffel Speisestärke
- 1 Likörglas Amarettolikör

Zubereitung:

Die Äpfel waschen. Deckel abschneiden und das Kerngehäuse entfernen. Die Butter bräunen und die Äpfel in der Butter und dann im Zucker wenden.

Für die Füllung die Butter, den Rohrzucker, die Gewürze, das Marzipan und das Maronenpüree mischen und schaumig schlagen.

Die Masse in die Äpfel füllen und die Deckel auf die Äpfel setzen. In Alufolie wickeln und bei 180 Grad ca. 20 - 25 min. backen.

Für die Sauce:

Das Vanillemark mit dem Messer aus der Schote holen. Die Sahne, Milch und das Vanillemark aufkochen lassen. Die Eier trennen. Dem Eigelb Speisestärke und Zucker zugeben und alles schaumig rühren. Alles mit dem Schneebesen unter die Milch heben. Kräftig umrühren. Wenn die Sauce sich etwas abgekühlt hat, ein Likörglas Amaretto zugießen. Die Sauce auf vier Teller verteilen, die Äpfel in die Mitte setzen und mit den gebrannten Mandeln bestreuen.

Dessertvarianten (Winter)

Heiße Zimtwaffeln an einer süßen Hagebuttensauce und Schlagsahne

Zutaten:
(für vier Personen)

Für die Waffeln:
- ½ l Buttermilch
  (Kuhmilch ist auch möglich)
- 3 Eier
- 100 g zerlassene Butter
- 1 Messerspitze gemahlener Zimt
- ½ Teelöffel gutes Salz
- 100 g guter Rohrzucker
- 1 gestrichener Teelöffel Natron
- 300 g feines Weizenmehl

Für die Hagebuttensauce:
- 2 Esslöffel Hagebuttenmus
  (oder Hagebuttenmarmelade,
  dann weniger Ahornsirup)
- 3 Esslöffel Ahornsirup
- Saft von einer halben Orange
- 1 Esslöffel gemahlene süße Mandeln
- ½ l steif geschlagene süße Sahne
- bei Bedarf guten Zucker zum Bestäuben der Waffeln

Zubereitung:

Für die Waffeln:
Das Mehl in eine Rührschüssel sieben. Das Mehl mit dem Natron und dem Salz vermischen. Die Butter zerlassen. Nun das Eiweiß vom Eigelb trennen. Eigelb, die Buttermilch und die abgekühlte Butter nach und nach zufügen und mit dem Mixer vermischen. Dann Eiweiß steif schlagen und unter den Teig heben. Die Sahne steif schlagen und in ein Gefäß füllen.

Für die Sauce:
Das Hagebuttenmus oder die Marmelade mit dem Ahornsirup und dem Orangensaft mischen, schaumig schlagen und nach und nach die gemahlenen Mandeln zugeben. Weiter verrühren, bis die Sauce gebunden ist. Das Waffeleisen mit einem Pinsel einölen und die Waffeln goldgelb ausbacken. Die Waffeln teilen und mit der Sauce und der geschlagenen Sahne servieren. (Bei Bedarf mit guten Zucker bestäuben.)

Fingerfood (Winter)

Gefüllte Champignonköpfchen mit Wildkräuterpesto auf gegrillten Zucchini - Tomatenscheiben mit einer Brombeer - Vinaigrette

Zutaten:
(für ca. 4 Personen)

- 8 Champignons
- 1 kleine Zucchini
- 2 Tomaten

Für die Vinaigrette:

- 1 Hand voll Brombeeren
- Essig
- Öl
- Salz
- etwas Senf

Für das Wildkräuterpesto:

- Das Pesto kann man im Sommer zubereiten, in Olivenöl und Violettglasflaschen hält es sich im Kühlschrank ein halbes Jahr. Für das Pesto benötigt man z.B. : Spitzwegerich, Knöterich, wenig Thymian, Schnittlauch, Petersilie, Kresse, Kapuzinerkresse, Klee, wilde Karottenblättchen, Pimpinelle, Rucola, Huflattichblätter,

- kaltgepresstes, natives Olivenöl
- gutes Salz
- Knoblauch
- eventuell 1 Esslöffel geriebener Parmesankäse

Für die Deko:
- Schafgarbeblätter und Rucola

Zubereitung:

Zucchini längs in feine Streifen schneiden, salzen. Tomaten in Scheiben schneiden, salzen.

Beides in Öl angrillen und beiseite stellen. Pilze putzen, den Fuß entfernen und das Köpfchen aushöhlen. Die Pilzköpfchen in Öl anbraten. Den Rest der Pilze mit Salz würzen und gleichfalls braten. Für die Vinaigrette Brombeeren pürieren, mit Öl, Salz und Essig abschmecken. Beiseite stellen. Für das Wildkräuterpesto: Wildkräuter pürieren, Knoblauch (zwei Zehen) zerdrücken, zu den Wildkräutern geben, mit Salz und Öl abschmecken. Bei Bedarf Parmesankäse zugeben. Die Pilzköpfchen mit dem Wildkräuterpesto füllen.

Die Zucchinischeiben zusammenrollen und mit einem Zahnstocher auf dem Pilzkopf fixieren. Auf einen Teller die Tomatenscheibe legen, das Pilzköpfchen mit der Zucchini drauflegen. Mit der Vinaigrette beträufeln. Und die Vinaigrette in „Pünktchen" auf den Tellern hübsch verteilen. Mit Schafgarbeblättchen und Rucola garnieren.

Hagebuttenlikör

Zutaten:

- 500 g Hagebutten
- 500 g Rohrzucker
- 1 l Ansatzschnaps

Zubereitung:
Die Hagebutten vom Stielende und dem Blütenansatz befreien. Längs halbieren. (Ich nehme wieder die Gartenschere, das geht schnell und ist unfallfrei.) Kerne in der Frucht lassen.
Die Hagebutten waschen und in ein großes Glasgefäß geben. Den Zucker dazugeben und mit dem Ansatzschnaps auffüllen. Das Glasgefäß schließen und an einem warmen, sonnigen Ort sechs Wochen stehen lassen. Gelegentlich schütteln. Nach sechs Wochen die Hagebutten durchseihen und mit gutem, abgekochten und abgekühlten Wasser mischen, bis der Alkoholgehalt bei ca. 20% liegt. Ich habe den Likör aber auch schon mit Holunderblütensirup vermischt. Schmeckt auch sehr gut.

Heiße Hagebuttenapfellimonade

Zutaten:

- 500 g Hagebutten
- 4 Äpfel
- 3 Esslöffel Ahornsirup
- 2 Nelken
- Saft von ½ Zitrone

Zubereitung:
Hagebutten von den Stielenden und Blütenansätzen befreien. Halbieren und waschen. Äpfel waschen, mit der Schale vierteln und vom Kerngehäuse befreien.

Die Hagbutten mit den Nelken in einem Liter Wasser dreißig Minuten kochen, dann die Äpfel hinzufügen und noch einmal zehn Minuten kochen. Die Früchte durch ein Sieb pürieren. Den Saft auffangen, mit dem Zitronensaft und dem Ahornsirup verrühren. Heiß servieren.

Heißer Holunderblütensaft mit Orange und Zimt

Bei diesem köstlichen Saft greife ich zwar auf das Frühjahr zurück, aber wenn man genügend Holunderblütensaft hergestellt hat, ist das ein herrlich wärmendes Getränk für die frostigen Tage.

Zutaten:

- 1 l Holunderblütensaft
- Saft von 3 Orangen
- 3 Esslöffel Ahornsirup
  (1 Teelöffel Zuckerrübensirup und
  2 Esslöffel Ahornsirup schmecken
  kräftig und auch gut)

Zubereitung:
Den Holunderblütensaft erwärmen, den Sirup zufügen und zum Schluss den Orangensaft zugeben.

Lexikon Barbarakraut und Bärlauch

Barbarakraut
(Kreuzblütler, 2-jährig)

Wuchshöhe: 30 - 90 cm	Blattform: grob fiedrig, am Wurzelansatz rundlich
Stängel: oft zu mehreren, ästig, kahl	Blüte: sattgelb, 7 - 9 mm
Früchte: Schoten	Standort: Kahlschläge, Bahndamm, Wegesränder, an Bächen und Flüssen
Sammelzeit: Frühjahr - Winter	**Verwendete Teile in der Küche:** frische Blätter und Blütenknospen
Überlieferte Wirkung: Blut reinigend, Harn treibend, Verdauung fördernd	Geschmack: kresseartig, scharf, herb

Zubereitung:
frisch essen, auf das Butterbrot, für Dips, in Quarkspeisen, zur Verfeinerung von Suppen und Saucen, zum Omelett und zur Garnierung

Bärlauch
Lauchgewächs - Staude

Vorsicht:
Bärlauchblätter können mit den hochgiftigen Blättern von Maiglöckchen und Herbstzeitlose verwechselt werden. Auf den Knoblauchgeruch achten und im Zweifelsfall den Experten fragen! Das gleiche gilt auch für die Zwiebel des Bärlauchs.

Wuchshöhe: 15 - 30 cm	Blattform: lanzettlich, 5 - 15 cm lang
Stängel: rund, unbeblättert	Blüte: weiß, sternenförmig, zu Scheindolden zusammengefasst, wächst in großen Gruppen, starker Lauchgeruch
Wurzel: Zwiebel (essbar)	Standort: Auwälder, krautige, lichte Mischwälder
Sammelzeit: Blätter: März - Mai Blüte: Mai Zwiebel: nach der Blüte	**Verwendete Teile in der Küche:** frische, junge Blätter, Blüten, Zwiebel
Geschmack: knoblauchartig, scharf	**Überlieferte Wirkung:** entschlackend, Blut reinigend, Blutdruck ausgleichend, Verdauung fördernd, stärkt Magen, Darm, Leber, Galle, Nieren, gut für die „Frühjahrskur", reich an Vitamin C

Zubereitung:
junge Blätter frisch essen, auf das Butterbrot, in Quarkspeisen, zu Saucen, zu Pesto verarbeiten, für Nudelgerichte, zum Einwickeln von Tofu, als Gemüse, gekocht oder gebraten verwenden, auch als Füllung für Tomaten und Eier
Blüten und Knospen: für Dekorationszwecke
Zwiebeln: wie Lauch verwenden oder zu Schnaps verarbeiten

Lexikon Beifuß und Beinwell

Wuchshöhe:
60 - 200 cm

Blattform:
1 - 2 fach gefiedert, Oberseite: dunkelgrün, Unterseite: weiß-wollig

Stängel:
grün-rötlich, stark verzweigt, kantig

Blüte:
Rispe, viele kleine Blütenköpfe, rötlich braun

Sammelzeit:
zartes Kraut: Juli - September
Blüte und ganze oberirdische Pflanze: bis Ende Oktober

Standort:
Ödland, Schuttplätze, Flussufer, Wegesränder

Verwendete Teile in der Küche:
frisches Kraut und Blüten, getrocknetes Kraut

Geschmack:
bitter, leicht ölig, herb, aromatisch

Überlieferte Wirkung:
bei Appetitlosigkeit, Verdauung fördernd, fördert die Fettaufspaltung, wirkt kräftigend, für eine gesunde Darmflora

Zubereitung:
frisches Kraut und junge Blüten in Maßen frisch verzehren, sonst in Suppen oder als Gewürz zu fettigen Speisen, auch zum Aromatisieren von Getränken, Kraut als Küchengewürz trocknen, getrocknete Pflanze auch zum Räuchern verwendbar (guter Mückenschutz, wirkt kräftigend, reinigend und klärend)

Beifuß
(gewöhnlicher)
Korbblütler- Staude)

Vorsicht:
Nur in kleineren Mengen frisch verwenden. Auf den Blütenstaub reagieren manche Menschen allergisch (Korbblütlerallergie).

Wuchshöhe:
30 - 100 cm

Blattform:
breit - lanzettlich, rauh, behaart

Stängel:
kantig, unverzweigt oder oben verzweigt

Blüte:
rosa - lila oder weiß - zart gelb, glockenförmig nach unten

Geschmack:
frisch, gurkenartig

Standort:
Auen- und Buchenwälder, Feldrand, Nasswiesen, Uferbewuchs

Sammelzeit:
Sprossen: Mai
Blätter: Juni - September
Wurzel: ab September

Verwendete Teile in der Küche:
junge Sprossen und Blätter, Wurzeln für med. Zwecke

Überlieferte Wirkung:
alte Arzneipflanze, Blätter wirken Blut reinigend, Blut bildend, Schmerz stillend, Blätter und Wurzel äußerlich bei Knochenbrüchen, Gelenkbeschwerden, Quetschungen, Zerrungen, Stauchungen verwendbar

Zubereitung:
Sprossen braten oder kochen, junge Blätter zum Einrollen von Reis, Gemüse, Saitan etc. verwenden, kochen, nur ganz junge Blätter frisch essen, Beinwellblätter nur sehr sparsam verwenden

Vorsicht:
Die Blätter des Beinwell können mit den Blättern des giftigen Roten Fingerhuts verwechselt werden (Fingerhutblätter schmecken äußerst bitter.). Bei Zweifel auf die Blüte warten oder den Experten fragen. Beinwellblätter sollten nur in geringem Maße verzehrt werden.

Beinwell
Rauhblattgewächs - Staude

Lexikon Bibernelle und Birke

Bibernelle
(große und kleine)
Doldenblütler

Vorsicht:
Die Bibernelle ist ein Doldengewächs. In dieser Gattung sind auch die hochgiftigen Schierlingsarten und die Hundspetersilie beheimatet. Schierling und Hundspetersilie riechen beim Zerreiben der Blätter sehr unangenehm (Bitte nach Test gründlich die Hände waschen.) Bei Unsicherheiten bei der zweifelsfreien Bestimmung unbedingt den Experten fragen!

Wuchshöhe: große: 40 - 100 cm kleine: 10 - 60 cm	**Blattform**: große: einfach gefiedert, länglich, glänzend, kleine: einfach gefiedert, rundlich, am Rand grob gesägt, Unterseite fein behaart
Stängel: beide kantig gefurcht	**Blüte**: 9 -15 strahlige Doppeldolden, weiß - zart rosa
Früchte: schmal, eiförmig	**Standort**: große: Fettwiesen, Hochstaudenflure, kleine: Trockenrasen, lichte Wälder
Sammelzeit: zarte Blätter und Blüten: große: Juni - August kleine: Juli - Oktober Wurzel: kleine und große ab September	**Verwendete Teile in der Küche:** zarte Blätter und Blüten, für die Teezubereitung: Wurzel
Geschmack: herb, würzig, leicht bitter	**Zubereitung**: junge Blätter und Blüten für Salate, Eierfüllungen, Dekoration, sparsam verwenden, Wurzel: Teezubereitung
Überlieferte Wirkung: Harn treibend, entgiftend, stärkt Leber, Nieren, gut für die Verdauung, bei Durchfall und gut für den Darm, Mundspülungen bei Heiserkeit, Halsschmerzen, Mandelentzündung und Entzündungen im Mundbereich	

Birke
Birkengewächs - Laubbaum

Wuchshöhe: Laubbaum bis 30 m	**Blattform**: dreieckig, rautenförmig
Stamm: silberweiß, schwarz	**Blüte**: hängende Kätzchen, weiblich: gelb - hellbraun, männlich: grün
Standort: Pionierpflanze, anspruchslos, Moor, Bruchwälder, sandige - felsige Böden	**Geschmack**: fein säuerlich - herb, frisch
Sammelzeit: junge Blätter: April - Mai	**Verwendete Teile in der Küche:** zarte Ersttriebe, junge Blätter
Überlieferte Wirkung: bei Gelenkschmerzen, Rheuma, Nierenbeschwerden, entgiftend, gut für die Harnwege und die Harnblase, gut für die Galle, klärt das Hautbild, stärkt den Haarwuchs, gut für glänzendes Haar, enthält wichtige Mineralien zur Stärkung des Körpers nach den Wintermonaten (Frühjahrskur)	
Zubereitung: für den sofortigen Verzehr, für Salate, können in Butter knusprig gebacken werden, schmeckt köstlich zu Bratkartoffeln, für Tee oder aber für Sud und Schwitzbad verwenden	

Lexikon Bocksbart und Braunelle

Wuchshöhe: 30 - 75 cm	Blattform: lineal, grasähnlich, ganzrändig
Stängel: kaum behaart	Blüte: sattgelb, einblütig, Zungenblüte (ähnlich wie beim Löwenzahn bilden die Samenstände eine „Pusteblume“ aus)
Sammelzeit: gesamte Pflanze (außer Samen): Mai-August	
Standort: Magerrasen, Halbtrockenrasen, Wegesränder, Böschungen	Verwendete Teile in der Küche: Blütenknospen, Blüten, Stängel, Blätter, Wurzel
Geschmack: süßlich	Überlieferte Wirkung: Vitamin C

Zubereitung
Blätter und Stängel fein hacken, roh essen, dünsten, Blütenknospen können wie Kapern eingelegt werden, Blüten können roh gegessen werden, für die Dekoration. Die Wurzeln gut reinigen, kochen, Haut abziehen, dann in gebräunter Butter schwenken oder anbraten.

Bocksbart (Wiesenbocksbart)
Korbblütler- einjährig

Vorsicht:
Samen nicht essen!

Wuchshöhe: 5 - 30 cm	Blattform: gestielt, eiförmig - lanzettlich, leicht kerbig gezähnt (große Braunelle fast glattrandig)
Stängel: kantig, leicht behaart	Blüte: Scheinähren bildend, Lippenblüten, von weiß bis rötlich bis überwiegend blauviolett
Standort: Rasenflächen, lichte Wälder, Waldränder und Wegesränder	
Sammelzeit: gesamte oberirdische Pflanze: Ende Mai - September	Verwendete Teile in der Küche: gesamte oberirdische Pflanze, vor allem Blätter und Blüten
Geschmack: delikat bitter und frisch	Überlieferte Wirkung: Leber anregend, Verdauung anregend, gut bei Entzündungen im Mundbereich und im Hals, hilfreich bei Zahnfleischbluten, Vitamin C

Zubereitung:
frisch als Salatbeigabe, Blüten zur Dekoration, kann auch mit anderen Wildgemüsen zu Pesto und Brotaufstrichen verarbeitet werden

Braunelle (große und kleine)
Lippenblütler - Staudenpflanze

Lexikon Brennnessel

Brennnessel

Brennnesselgewächs - Staudenpflanze

Wuchshöhe: 60 - 150 cm	**Blüte:** hängende Rispen, grüngelb
Stängel: mit „Brennhaaren", kantig, aufrecht	**Blattform:** eiförmig, länglich, Blattrand grob gesägt, gegenständig mit feinen Brennhärchen
Früchte: kleine braun - schwarze Kügelchen in Rispen nach unten hängend	**Standort:** Ödland, ausgelaugte Böden, Schuttplätze, in der Nähe von Siedlungen, Waldrand, Wegesränder, Wiesen, Auelichtungen, Ufersäume
Geschmack: erdig, kräftig	**Verwendete Teile in der Küche:** gesamte Pflanze, vor allem junge Blätter, Früchte (Samen), Wurzel

Sammelzeit:
junge Blätter: ab März - Oktober
Früchte: ab Ende September - Ende Oktober
Wurzel: ab September

Zubereitung:
Blätter vor dem Verzehr kurz blanchieren, damit das Blatt nicht brennt, als Salatbeigabe, hervorragend für Suppen, Wildspinat, Aufläufe, zu Kartoffelbrei und mit getrockneten Tomaten und gerösteten Pinienkernen für Nudelgerichte geeignet. Früchte (Samen) zum sofortigen Verzehr, auf das Butterbrot, zu Quark, zur Verfeinerung über die Speisen streuen, auf den Salat geben, können auch leicht angeröstet werden, als Beigabe in Kuchen-, Keks- und Brotteig geben, getrocknete oder frische Blätter als Tee oder als Sud für Haarspülungen verwenden.
Brennnesselwurzel: waschen, in Scheiben schneiden, zu Tinktur und Tonikum verarbeiten

Überlieferte Wirkung:
Blätter: entgiftend, entschlackend, gut für die „Frühjahrskur", Blut reinigend, Verdauung fördernd, Harn treibend, Hormon ausgleichend, Tonikum , Hautbild klärend , gut bei Gicht und Rheuma, erwärmend, großer Eisen- und Mineralstoffgehalt, viel Chlorophyll, viel Eiweiß,

Wurzel: bei Prostatabeschwerden, für einen kräftigen Haarwuchs, für glänzendes Haar,

Früchte (Samen): gut als Mineralien- und Vitaminspender, vor allem in der Winterzeit, Hormon ausgleichend im Klimakterium, gut bei akuten und anhaltenden Erschöpfungszuständen

Lexikon Brunnenkresse und Buche

Wuchshöhe: 20 - 80 cm	Blattform: gefiedert, mit größerer Endfieder
Stängel: kriechend oder aufsteigend, verzweigt	Früchte schotenförmig
Blüte: viele kleine weiße Blüten, zartgelbe Staubbeutel	Sammelzeit: April - September
Standort: in und an flachen Gewässern, z.B. in flachen Bächen, an Quellen und Gräben, an Ufersäumen	Verwendete Teile in der Küche: gesamte Pflanze, vor allem junge Blätter
Überlieferte Wirkung: Blätter: Blut reinigend, Verdauung fördernd, Harn treibend, entschlackend, viel Vitamin C	Geschmack: scharf, meerrettichähnlich, senfig, etwas bitter
Zubereitung: als Salatbeigabe, hervorragend für Suppen, Füllungen, Aufläufe, zu Kartoffelbrei und zum Würzen von Gemüseburgern geeignet	

Brunnenkresse

Kreuzblütler - Staudenpflanze

Vorsicht:
Roh nur in Maßen verwenden. Übermäßiger Genuss kann die Magenschleimhaut reizen. Brunnenkresse nur an Bächen mit einer guten Wasserqualität sammeln. Auf Leberegel achten. Bei Unsicherheiten lieber im Bioladen einkaufen.

Wuchshöhe: ca. 40 m	Blattform: wechselständig, eiförmig, schwach wellig, 4 - 10 cm
Stamm: glatt, grau	Früchte Buchecker
Blüte: männlich: hängend, fast kugelige Kätzchen, weiblich: Fruchtbecher	Sammelzeit: zarte, junge Blätter: März - Mai Buchecker: September - Oktober
Standort: Laubwälder, Buchenwälder, Weiden, auf lehmigen-sandigen Böden	Verwendete Teile in der Küche: junge Blätter, Früchte in Maßen
Geschmack: Blätter: frisch, säuerlich Bucheckern: nussig	Überlieferte Wirkung: Blätter: Entzündung hemmend im Mundraum, Bucheckern: Mineralien und Vitamine
Zubereitung: Blätter pur essen oder als Salatbeigabe, klein gehackt auf das Butterbrot oder in den Quark geben, mit jungen Buchenblättern kann man einen grünen Schnaps herstellen, Buchecker roh nur in Maßen essen, sonst rösten und wie Nüsse knabbern, es gibt auch das nussig schmeckende Bucheckernöl	

Buche (Rotbuche)

Buchengewächs- Laubbaum

Vorsicht:
Rohe Bucheckern nur in Maßen genießen, sonst kann es zu leichten Vergiftungserscheinungen kommen.

Lexikon Fichte, Kiefer, Tanne und Frauenmantel

Fichte (Nadelgehölzer)

Vorsicht:
Da bei den Fichten die abgebrochenen Triebe nicht mehr nachwachsen, ist das Sammeln der Maitriebe in öffentlichen Wäldern und Anlagen verboten. Auch in Privatanlagen nur behutsam sammeln.

Blattform:
Fichte: Nadeln, vierkantig, spitz, hart, Kiefer: Nadeln, buschig, lang, wimperngebogen, Tanne: Nadeln, flach, weich, an der Unterseite mit zwei weißen Wachsstreifen

Stamm:	**Wuchshöhe:**
Fichte: Rinde rotbraun Kiefer: bräunlich - rot Tanne: silbrig glänzend	Fichte: ca. 50 m Kiefer: ca. 40 m Tanne: ca. 60 m
Früchte: Zapfen: Fichte: hängend, als ganzes abfallend, hellbraun, Tanne: stehend, in Schuppen abfallend, hellbraun, häufig beharzt, Kiefer: schräg hängend, als ganzes abfallend, Kerne eher herausfallend, violett-bläulich rot	**Standort:** Mischwälder, karge Böden, vorwiegende Nadelbaumwälder, auch in gebirgiger, unwirtlicher Lage, Kiefer und Weißtanne auch auf Dünen, in Strandnähe, auf Magerweiden
Geschmack: Triebe: fein säuerlich Zapfen: erdig, harzig	**Verwendete Teile in der Küche:** frische Maitriebe, Zapfen

Sammelzeit:
frische Maitriebe: April - Mai, Zapfen: Juni - Juli

Überlieferte Wirkung:
Blut reinigend, erfrischend, belebend, Husten lösend, bei Gliederschmerzen, Erkältungskrankheiten, wärmend, kräftigend.

Zubereitung:
Maitriebe: für die Herstellung von Schnaps, Likör, Sirup, Honig, Limonaden, für Badesalz, Süßspeisen, Zapfen: für Sirup, Likör und Schnaps.

Frauenmantel

Rosengewächs - Staudenpflanze

Info:
Es gibt viele Sorten des Frauenmantels. Alle sind essbar.

Wuchshöhe:	**Blattform:**
3 - 30 cm	handförmig, gelappt, fein behaart
Stängel: abstehend, behaart	**Geschmack:** säuerlich, frisch herb
Standort: Wiesen, Wegesränder, Waldränder, Weiden, Felshänge	**Blüte:** zartgelb - grünlich, in lockeren Knäueln, Staubblätter: gelb
Sammelzeit: Blätter: April - September Blüten: Mai - ca. Ende August	**Verwendete Teile in der Küche:** Blätter, Blüten

Überlieferte Wirkung:
alte Arzneipflanze, entkrampfend bei Regelschmerzen, bei Entzündungen im Unterleib, bei Ausfluss, bei Wechseljahrbeschwerden, Blut reinigend, Magen wirksam, Guttationstropfen und der Sud bei Hautirritationen

Zubereitung:
junge Blätter fein geschnitten zum Salat, als Wildgemüsebeigabe, Tee, Blüten: mit Brennnesselblättern ausbacken oder in Omeletts geben, als Dekoration

Lexikon Gänseblümchen und Giersch

Gänseblümchen
Korbblütler - Staudenpflanze

Wuchshöhe: 5 - 15 cm	**Blattform**: bilden eine dichte, grundständige Rosette, spatelförmig, verkehrt eiförmig, schwach gekerbt
Blüte: weißrosa bis rötlich, viele zungenförmige Blütenblätter, in der Mitte gelbe Röhrenblüten, einköpfig	
Stängel: blattlos, schaftartig	**Sammelzeit**: das ganze Jahr über
Standort: Wiesen, Parkanlagen, Waldlichtungen, Wegesränder, in großen Gruppen wachsend	**Verwendete Teile in der Küche:** die ganze oberirdische Pflanze
Geschmack: leicht scharf, nussig	**Überlieferte Wirkung:** Husten lösend, Harn treibend, Blut reinigend, gut für die Galle, wundheilend, Haut klärend
Zubereitung: für Salate, frisch auf das Butterbrot, in den Quark, für die Kräuterbutter mit anderen Wildkräutern, als Dessert zuckern oder ausbacken, für die Dekoration	

Giersch
Doldenblütler - Staudenpflanze

Wuchshöhe: 50 - 100 cm	**Blattform**: eiförmig, doppelt dreizählig gefiedert
Früchte: klein, hellbraun, kümmelförmig	**Blüte**: große, 15 - 25 strahlige Doppeldolden, weiß - zart rosa
Stängel: hohl, kantig gefurcht, oben verzweigt	**Sammelzeit**: junge Blätter: April - Juli, kann aber auch bis Ende September gesammelt werden Blüte: ab Juni
Standort: feuchte Wälder, Flussufer, Gebüsch, Gärten, Parkanlagen, Auelandschaft, kommt in großen Gruppen vor	**Überlieferte Wirkung:** Blut reinigend, entkrampfend, Wasser ausscheidend, Husten lösend, Magen wirksam, viel Vitamin C, Kalium, Tonikum, altes Heilkraut bei Gicht und Rheuma
Geschmack: spinatähnlich, würzig, rauchig (gekocht)	**Verwendete Teile in der Küche:** Blätter, zarte Stängel, Blüte
Zubereitung: schmeckt wunderbar als Wildspinat, auch mit Brennnesseln, mit Räuchertofu, als Wildpesto, Beigabe oder Brotaufstriche, sehr gut mit Kartoffeln und Getreide kombinierbar, Blätter können auch mit Melisse, Zitrone, Honig in Wasser zwei Stunden ziehen, ergibt ein erfrischendes Getränk, der Stängelsaft, frisch aufgetragen, lindert den Juckreiz bei Insektenstichen, Blüte in Maßen zur Dekoration verwendbar	

Vorsicht:
Giersch gehört zu den Doldengewächsen. In dieser Gattung wachsen die tödlich giftigen Schierlingssorten und die Hundspetersilie. Bei Unsicherheiten bei der Bestimmung unbedingt den Experten fragen! Giersch riecht beim Zerreiben stark nach ätherischen Ölen. Zusätzliches Erkennungszeichen: dreikantige Blattstiele.

Lexikon Goldnessel und Gundelrebe

Goldnessel
(Taubnessel, weiß, rot) -
Lippenblütler - Staudenpflanze

Wuchshöhe: 20 - 40 cm	**Blattform:** gegenständig gestielt, dreieckig, eiförmig - herzförmig, keine Brennhaare
Stängel: meist einfach, vierkantig	**Standort:** Gebüsch, Schutthalden, Wegesränder
Blüte: Goldnessel: gelbe Lippenblüten, mit brauner Zeichnung auf der Unterlippe weiße und rote Taubnessel: weiße, violette Lippenblüten	
Sammelzeit: Blätter, Blüten: April - August	**Verwendete Teile in der Küche:** Blätter, Blüten
Geschmack: moosig, spinatähnlich	**Überlieferte Wirkung:** beruhigend, entkrampfend bei Regelschmerzen, bei Darmbeschwerden, bei Schlafstörungen, Entzündung hemmend, Blut reinigend
Zubereitung: als Heiltee und in Teemischungen, als Wildgemüse mit anderen Wildgemüsesorten mischen, Blüten eignen sich als Dekoration, junge Blätter als Salatbeigabe	

Gundelrebe (Gundermann)
Lippenblütler - Staudenpflanze

Wuchshöhe: 10 - 20 cm	**Blattform:** gegenständig gestielt, rund bis herzförmig, am Rand grob gekerbt
Stängel: lang kriechend, an den Knoten wurzelnd	**Standort:** Zäune, Mauern, Wegesränder, Wälder, schattige Wiesen, unter Bäumen
Blüte: violett- lila, Lippenblüte	**Geschmack:** sehr eigener, intensiver Geschmack, leicht scharf, krautig, frisch
Sammelzeit: Blätter: März - Oktober Blüte: April - Juni	**Verwendete Teile in der Küche:** ganze oberirdische Pflanze
Überlieferte Wirkung: Schwermetalle ausleitend, entgiftend, Blut reinigend, Schleim lösend, Harn treibend, stärkend, Stimmung aufhellend, hoher Eisengehalt, Blut bildend, gut für Leber, Niere, Blase	
Zubereitung: hervorragend in der Frühlingskräutersuppe, für Pesto und Salate, in Aufstrichen, für Liköre, Blüten für Dekoration und Süßspeisen	

Vorsicht:
Da die Gundelrebe einen sehr intensiven Geschmack besitzt, erst einmal vorsichtig dosieren.

Lexikon Guter Heinrich und Heckenrose

Wuchshöhe: 15 - 60 cm	**Blattform**: wechselständig, ganzrandig, spießförmig, dreieckig, junge Blätter weiß - mehlig bestaubt
Blüte: fast blattlose Scheinähre, viele kleine, grüne Blüten	
Stängel: meist unverzweigt	**Sammelzeit**: Blätter oder junge oberirdische Pflanze: Mai - September
Standort: Weg- und Straßenränder, Böschungen, Siedlungen, Höfe, Zäune, Gärten	**Verwendete Teile in der Küche:** Blätter, sehr junge Stängel, Blüte, Sprossen
Geschmack: erdig, spinatähnlich	**Überlieferte Wirkung:** Eisen, Vitamin C, Blut reinigend, abführend
Zubereitung: junge Blätter als Salatbeigabe, Blätter und junge Stängel fein gehackt als Wildgemüse, als Füllung, als Suppenbeigabe, Blüten und Sprossen zum Salat oder kurz blanchiert zum Wildgemüse geben	

Guter Heinrich
Gänsefußgewächs - Staude
(alle Gänsefußgewächse und Meldearten sind essbar)

Vorsicht:
Bei Gicht und Nierenleiden wird der Verzehr nicht empfohlen.

Wuchshöhe: 1 - 3 m	**Blattform**: gefiedert, elliptisch, scharf unregelmäßig gezähnt, 5 - 7 zählig
Früchte: tiefrot, eiförmig, hart, fleischig mit haarigen, klebrigen Samen	**Blüte**: einzeln oder gebüschelt, hellrosa - kräftig rosa, rot, weiß, Kelchblätter nach der Blüte zurückgeschlagen, viele gelbe Staubblätter
Stängel: mit sichelförmigen Stacheln	**Sammelzeit**: Mai, Früchte: September - Anfang Dezember (nach dem ersten Frost für Marmelade sammeln)
Standort: Wald- und Wegesränder, Siedlungen, Gebüschzonen, steinige Hängen, lichte Laub- und Nadelwälder	**Verwendete Teile in der Küche:** Blüten, Früchte
Geschmack: Blüte: aromatisch, zart süß bis leicht bitter, Früchte: frisch, leicht sauer, fruchtig	**Überlieferte Wirkung:** viel Vitamin C, stärkt das Immunsystem, Schweiß treibend, gut bei fiebrigen Erkrankungen und Erkältung, erfrischend, stärkend
Zubereitung: Blüten: (Duftblüten sammeln), zur Limonadenherstellung mit Holunderblüten, Zitrone und Melisse, zuckern, für Marmeladen, Süßspeisen, Kuchen, in Tees, zur Dekoration Früchte: Suppen, Saucen, Marmelade, Tee, Fruchtgetränk, Likör, Süßspeise, herzhaftes Mus	

Heckenrose (Hagebutte)
Rosengewächs- Strauch

Lexikon Holunder und Huflattich

Holunder (schwarz):
Geißblattgewächs - Baum - Strauch

Vorsicht:
Die Rinde des Holunders wurde früher als Brech- und Abführmittel verwendet, auch die Blätter und die rohen Früchte können zu Durchfall, aber auch zu heftigen Bauchkrämpfen führen. Früchte nur getrocknet oder gekocht verwenden. Den schwarzen Holunder nicht mit dem giftigen Zwergholunder verwechseln! Bei Unsicherheiten besser den Experten fragen.

Wuchshöhe:
2 - 10 m

Zweige:
mit weißem Mark

Blattform:
gegenständig gestielt, unpaarig gefiedert, elliptisch, zugespitzt, gesägte Blättchen

Standort:
Siedlungen, Hauseingänge, Hecken, Gebüsch, Waldrand, Schuttplatz, Wegrand

Früchte:
dunkelviolette bis schwarze Beeren in Dolden hängend

Blüte:
Doldenblüte aus zahlreichen kleinen, weißen - gelben Blüten, gelbe Staubbeutel, stark nach Honig duftend

Sammelzeit:
Blüten: Mai - Juni
Früchte: August - September

Verwendete Teile in der Küche:
Blüten, Früchte
(nur gekocht oder getrocknet!)

Geschmack:
Blüten: süß, honigartig
Früchte: fruchtig, leicht herb - fein säuerlich

Überlieferte Wirkung:
Fieber senkend, Schweiß treibend, Harn treibend, stärkt das Immunsystem, Früchte: stärken das geistige und körperliche Immunsystem, Vitamin C, allgemeines Tonikum für die kalte Jahreszeit

Zubereitung:
für Sirup, Limonaden, Likör, Holundersekt, Tee, Gelee, Süßspeisen, zum Ausbacken in Pfannkuchenteig, Dekoration, Früchte: Marmelade, Sauce, Saft, Likör, Fruchtsuppe, Sauce

Huflattich
Korbblütler - Staudenpflanze

Vorsicht:
Huflattichblätter nur in Maßen genießen. Auch für die Inhalation geeignet.

Wuchshöhe:
7 - 30 cm

Verwendete Teile in der Küche:
junge Blätter, Blüten

Standort:
Pionierpflanze, Wald- und Wegesränder, Schuttplätze, Kiesgruben, Äcker

Blüte:
wachsen im sehr zeitigen Frühjahr vor den Blättern, kleine, goldgelbe, duftende Blüten, strahlenförmige Zungenblüten, linearisch

Blattform:
grundständig gestielt, rundlich mit herzförmiger Bucht, am Rand grob gezähnt, Unterseite filzig, weiß behaart, Oberseite glänzend, leicht behaart

Sammelzeit:
Blüte: Ende Februar - März / April
Blätter: Ende April - Juli

Stängel:
Blütenstängel, rötlich geschuppt, weißfilzig behaart, vor den Blättern erscheinend

Geschmack:
Blüten: feiner, zart süßer Geschmack, Blätter: kräftig frisch, fast „gurkig", leicht herb

Überlieferte Wirkung:
Schleim und Husten lösend, zinkhaltig, Vitamin C, wärmend, stärkend, Verdauung anregend, altes Asthmamittel

Zubereitung:
Blüten: als Dekoration, Tee, im Likör, Hustensirup, roh verzehren, als Salatbeigabe, Blätter: fein geschnitten als Salatbeigabe, Wildgemüse (leicht mit Butter und Knoblauch anschwitzen) und in die Frühlingssuppe geben, zu Hustensirup verarbeiten

Lexikon Johanniskraut und Kapuzinerkresse

Wuchshöhe: 25 - 60 cm	**Sammelzeit:** Juni - Juli
Blüte: gelb, fünf elliptische Kronblätter, fein herausragende Staubblätter, Blüte in doldenartigem Blütenstand	
Stängel: aufrecht, im oberen Teil verzweigt	**Standort:** Pionierpflanze, Magerwiesen und -weiden, Waldränder, Böschungen, Waldlichtung, Brachland, Gebüsch
Blattform: gegenständig, eiförmig bis vlinealisch, mit zahlreichen durchscheinenden Punkten, ganzrandig	**Verwendete Teile in der Küche:** Blüten, obere Pflanzenteile mit Blättern
Geschmack: etwas bitter, trotzdem lieblich und zart ölig	**Zubereitung:** ganzes Kraut mit Blüte: Tee, Sud Blüten: als Dekoration, für Ölansatz
Überlieferte Wirkung: alte Arzneipflanze, Tee und Sud: Stimmung aufhellend, Nerventonikum, Entzündung hemmend, bei Halsentzündungen, gut für Magen, Leber, Darm, Galle, bei Erschöpfungszuständen, Schlafstörungen, Blasenschwäche, Wechseljahresbeschwerden, Öl: gut bei Entzündungen im Mund und Halsbereich, bei Muskel- und Gliederschmerzen, bei Ischias- und Rückenschmerzen, bei Nervosität, Unterleibsschmerzen, wirkt beruhigend, Stimmung aufhellend, stark wundheilend, gut bei Hautrissen, rissigen Händen und aufgesprungenen Lippen	

Johanniskraut

(Tüpfel- Johanniskraut):
Johanniskrautgewächs - Staude

Vorsicht:
Johanniskrautöl nicht vor dem Sonnenbaden oder einem Solariumbesuch benutzen! Johanniskraut wirkt phototoxisch, bei direkter Sonneneinstrahlung kann es bei empfindlichen Menschen zu Hautreizungen kommen.
Es gibt viele Johanniskrautsorten, die alle essbar sind. Die Heilwirkung hat aber nur das echte Johanniskraut. Beim Reiben der Blüten färbt sich die Haut violett - lila, auch auf die „Tüpfel" auf den Blättern achten.

Wuchshöhe: stehend bis kriechend, ca. 15 cm, kriechend bis 2 m, Ausläufer bildend	**Verwendete Teile in der Küche:** ganze oberirdische Pflanze mit Knospen
Blüte: einzeln, in den Blattachsen langgestielt, 5 verschieden geformte Kronblätter von kräftig gelb - orange - rot, auch geflammt	**Standort:** in unserem Raum nur als Kulturpflanze, in Gärten, Kübelpflanze oder Rabattenbewachsung (stammt aus Südamerika, Andenraum)
Stängel: fleischig, lang kriechend, auch an den Knoten wurzelnd	**Sammelzeit:** Mai, Früchte: September - Anfang Dezember
Geschmack: kresseartig, scharf bis sehr scharf, knackig	**Blattform:** fast kreisrund, schwach gelappt
Überlieferte Wirkung: Blut reinigend, stärkend, Appetit anregend, Verdauung fördernd, bei Bronchitis, Infektionen der Atemwege, der Harnwege, gut für die Nieren	
Zubereitung: Blüten: roh essen, als Salatbeigabe und zur Dekoration, Blätter: auch mit Stängel zum Einwickeln von Käse, Gemüse und Reis, in das Wildkräuterpesto geben, Knospen: wie Kapern einlegen oder roh verzehren.	

Kapuzinerkresse

Kapuzinerkressegewächs
(bei uns im Herbst absterbend, in ihrer Heimat ausdauernd)

Einheimische Kressesorten:
Es gibt sehr viele einheimische Kressesorten, die vorwiegend im Frühjahr - Sommer schmackhaft sind. Sie wachsen auf Wiesen, in Gärten und Wäldern.
z.B. Garten-, Feldkresse, breitblättrige Kresse, Gänsekresse ....
Sie sind ebenfalls scharf, würzig und eignen sich zur Zubereitung von Saucen, Suppen, als Salatbeigabe, auf das Butterbrot, zur Herstellung von Kräuterbutter, Füllungen, Quarkspeisen

Lexikon Klee und Klette

Klee (Rot- und Weißklee)
Schmetterlingsblütler -Staude

Info:
Viele Kleearten sind essbar, z.B. Faden- , Hopfen- und Hornklee und haben heilende Wirkungen wie z. B. Wundklee (bei Wunden) und Steinklee (Drüsen- und Gelenkschwellungen, Rheuma)

Wuchshöhe: 5 - 30 cm	**Stängel**: kahl bis verzweigt
Blattform: dreizählig, verkehrt eiförmig - herzförmig, oft mit hellen Zeichnungen	**Sammelzeit**: die ganze oberirdische Pflanze: März - Oktober
Standort: Fettwiesen und -weiden, Moorwiesen, Staudenflure, Magerrasen	**Blüte**: von rosa bis rot, weiß, kleine kopfförmige Blüten, zart duftend
Geschmack: Blüte: zart süß Blätter: „grasig"	**Verwendete Teile in der Küche:** ganze oberirdische Pflanze

Überlieferte Wirkung:
Husten lösend, gut für Leber und Magen, Hormon ausgleichend, entkrampfend, sehr eiweißhaltig

Zubereitung:
Blüten als Dekoration, in den Salat geben, Blätter in die Wildkräutersuppe und in den Salat

Klette (große)
Korbblütler - zweijährig

Vorsicht:
Die jungen Klettenblätter können mit denen der Tollkirsche verwechselt werden. Klettenstängel sind hohl und haben eine tiefe Einkerbung. Bei Unsicherheiten unbedingt den Experten fragen. Schwangere sollten keine Klettenpflanze essen.

Wuchshöhe: 80 - 150 cm	**Stängel**: stark längsgefurcht, verzweigt
Blattform: gestielt, breitförmig zugespitzt, herzförmiger Grund	**Standort**: Waldwege, Kahlschlag, Auewälder, Uferbepflanzung, Weiden
Sammelzeit: junge Blätter und Blattstiele: April - Mai, Wurzel: ab September (Wurzel bricht sehr leicht beim Ausgraben, beschwerlich)	**Blüte**: rot bis violette Röhrenblüten, eiförmig, Hüllblätter mit kleinen eingebogenen Haken
Geschmack: junge Blätter und Stängel: „kohlig", frisch, krautig Wurzel: ein bisschen wie Schwarzwurzel, nur nussiger	**Verwendete Teile in der Küche:** Wurzel, junge Blätter und Stiele

Überlieferte Wirkung:
entschlackend, gut für die Galle, fungizid wirkende Stoffe, Blut reinigend, gut für ein gutes Hautbild.

Zubereitung:
junge Blätter: zum Einrollen von Gemüse, Saitan, Tofu oder Reis, als Wildgemüse (wie Weißkohl zubereiten und würzen), als Suppenbeigabe

Wurzel: graben, gründlich waschen und wie Schwarzwurzel zubereiten (manche Wurzeln sind holzig) oder kurz ankochen und in Butter braten

Lexikon Knoblauchrauke und Kohl - Kratzdistel

Wuchshöhe: 20 - 100 cm	Sammelzeit: die ganze oberirdische Pflanze: ab Ende März - Anfang Juli
Blüte: kleine, weiße Blüten, in einfachen und verzweigten Trauben, vier Kronenblätter	
Stängel: aufrecht, meist einfach behaart	Standort: Waldränder, Gebüsch, Uferbewachsung, Parkwiesen, Auelandschaft
Blattform: langgestielt, nierenförmig, gekerbt, beim Zerreiben starker Knoblauchgeruch	Verwendete Teile in der Küche: zarte Blätter, Stängel und Blüte
Geschmack: knoblauchartig, leicht herb	Überlieferte Wirkung: Wasser ausscheidend, bei Erkältung und Husten, antiseptisch, altes Wurmmittel
Zubereitung zarte Blätter und Stängel fein geschnitten in den Salat oder in die Wildkräutersuppe, in Saucen, Füllungen, Butter oder Quark, in Aufläufe, Blüte: Dekoration	

Knoblauchrauke

Kreuzblütler - einjährig (überwinternd)

Wuchshöhe: bis 140 cm	Blattform: weich, kaum stechend, eiförmig - elliptisch, ungeteilt oder tieffiedrig mit gezähnten Abschnitten, Stängel umfassend
Standort: Feuchtwiesen, Moore, Uferbewachsung, Auewälder	Blüte: Blütenkopf blassgelb, eingehüllt in blassgrüne Blätter
Stängel: aufrecht, gefurcht, innen hohl, kahl bis wenig behaart	Sammelzeit: ab April - Anfang Juni
Geschmack: frisch, kohlartig, ein bisschen wie „Brühwürfel“	Verwendete Teile in der Küche: zarte Blätter
Überlieferte Wirkung: bei Gicht, Rheuma, bei Krämpfen, Harn treibend	
Zubereitung: wie Klettenblätter verwenden	

Kohl - Kratzdistel

Korbblütler

Lexikon Labkraut und Löffelkraut

Labkraut

(echtes, Klett-, Wiesenlabkraut)
Rötegewächs - einjährig

Zubereitung:
echtes Labkraut: zur Käseherstellung, Heiltee, ansonsten alle Sorten als Suppen- und Wildgemüsebeigabe, fein geschnitten in Aufstriche, auch in Limonaden, Sirup, getrocknet in Kräuterkissen, Blüten: Dekoration und in Limonaden

Wuchshöhe: echtes Labkraut: bis 60 cm Wiesenlabkraut: 25 - 100 cm Klettlabkraut: hangelnd, 15 - 50 cm	**Stängel**: echtes Labkraut: aufsteigend oder aufrecht, rundlich mit vier erhabenen Längslinien, Wiesenlabkraut: aufrecht, rund, glatt, leicht ästig, Klettlabkraut: kantig, stark haftend
Blattform: echtes Labkraut: quirlständig, schmallineal, stachelspitz, am Rand nach unten gerollt Wiesenlabkraut: quirlständig, lanzettlich, Spitze verschmälert, Klettlabkraut: lanzettlich, quirlständig	**Standort**: echtes Labkraut: Magerrasen, Wegesränder, Moorwiesen, Wiesenlabkraut: Fettwiesen, Waldränder, Gebüsch, Klettlabkraut: Laubwälder, Auelandschaft
Blüte: echtes Labkraut: gelb, klein, zahlreich, dichter endständiger Blütenstand, Wiesenlabkraut: weiße kleine Blüten, dicht, zahlreich Klettlabkraut: weiß, blattwinkelständige Blütenstände, zahlreiche Blüten, klettenartig haftend	
Sammelzeit: ganze oberirdische Pflanze: Juni - August	**Verwendete Teile in der Küche:** ganze oberirdische Pflanze mit Blüte
Geschmack: leicht grasig, frisch, Blüten: fein süß, ein wenig nach Honig schmeckend	**Überlieferte Wirkung:** entschlackend, Schlaf fördernd, beruhigend, gut für die Leber, entwässernd, stärkend

Löffelkraut

Kreuzblütler - ein- bis zweijährig

Wuchshöhe: 10 - 25 cm	**Stängel**: aufsteigend - aufrecht, kantig gefurcht
Blattform: lang gestielt, grundständig, breit, ei- oder herzförmig, ganzrandig	**Standort**: Grabenränder, Quellen, an der Küste auf Salzschlickböden, auch als Kulturpflanze
Sammelzeit: Ende April - August	**Blüte**: weiße kleine Blüten, in Traube, zart duftend
Geschmack: scharf, kresseartig	**Verwendete Teile in der Küche:** ganze oberirdische Pflanze
Überlieferte Wirkung: Verdauung fördernd, entschlackend, Blut reinigend, wundheilend, viel Vitamin C	
Zubereitung: als Salat- und Suppenbeigabe, als Eifüllung, in die Burgermasse, Blüte: Dekoration und Salatbeigabe, fein geschnitten in die Sauce geben und in das Omelette	

Lexikon Löwenzahn und Minze

Löwenzahn
Korbblütler - Staude

Wuchshöhe: 5 - 35 cm	Stängel: hohl mit weißem Milchsaft, kahl oder schwach behaart
Standort: Pionierpflanze, Wiesen, Felder, Wegesränder, Brachland	Sammelzeit: Blüten: März - April Blätter und Stängel: März - September Wurzel: April - September
Blattform: grundständige Rosette, länglich, verkehrt - lanzettlich, gezähnt, gelappt oder eingeschnitten	Geschmack: zarte Blätter: fein herb - bitter Stängel: bitter, Wurzel: sehr bitter Blüten: honigartig, fein süß
Blüte: sonnengelbe Blütenköpfe, einzeln, zungenförmig	Verwendete Teile in der Küche: junge Blätter, Blüten, Stängel, Wurzel

Überlieferte Wirkung:
Tonikum für Leber, Galle, Bauchspeicheldrüse, Magen, hoher Anteil an seltenen Spurenelementen, Mineralien, viel Vitamine, hoher Kalziumanteil, entgiftend, entschlackend, entwässernd, Blut reinigend, Entzündung hemmend

Vorsicht:
Es wird in einschlägiger Literatur erwähnt, dass Kinder den Verzehr von Löwenzahnstängeln noch meiden sollen.

Zubereitung:
Blüten: Löwenzahnblütenhonig, Likör, Sirup, als Dekoration, in Salate, Blütenkekse, zarte Blätter: für Salate, in Olivenöl kurz anbraten, mit Räuchertofu essen, in das Omelett geben, Tee, Stängel: roh verzehren als Lebertonikum und Blut reinigendes Mittel (höchsten fünf Stängel am Tag)
Wurzel: Die jungen Wurzeln in Scheiben schneiden, anbraten, mit Röstkartoffeln und geröstetem Sesam essen (um die Bitterstoffe etwas auszulösen, kann man die Wurzel nach dem Säubern zwei Stunden in das Salzwasser legen)
Aus der Wurzel kann man einen sehr bitteren Saft bereiten, kurmäßig angewendet ist er mit seinen Vitaminen, Spurenelementen, Mineralien und wertvollen Bitterstoffen ein wahres Lebertonikum, gut für Galle, Magen und Bauchspeicheldrüse. Man kann aus der Wurzel auch eine Tinktur oder einen Schnaps herstellen.

Minze
Lippenblütler - Staude

Wuchshöhe: bis ca. 90 cm	Sammelzeit: Juni - September
Blattform: eiförmig, elliptisch, gesägt - gekerbt, beim Zerreiben typischer Minzegeruch	Blüte: Unterteil in rispenhaften Scheinähren (z.B. Pfefferminze) und mit Blütenquirlen in den Achsen gestielter Blätter (z.B. Wasserminze), zart lila - zart violett
Standort: gern an feuchten Orten, an Flüssen, Feuchtwiesen, Moor, als Kulturpflanze	Stängel: vierkantig, einfach oder oben verzweigt
Geschmack: frisch, pfefferminzig, scharf	Verwendete Teile in der Küche: ganze oberirdische Pflanze

Überlieferte Wirkung:
erfrischend, gut für Magen und Darm, bei Blähungen und Übelkeit, bei Verspannungen, Verstauchungen, Schmerz lindernd, kühlend, für Hygiene im Mundbereich

Zubereitung:
Blätter: Tee, Likör, Sirup, Süßspeisen, mit Schokolade überziehen, fein gehackt in Linsengerichte, für Badezusätze, zum Inhalieren und in das Kräuterkissen

Vorsicht:
Es gibt sehr viele Minzesorten. Wild wachsen vor allem die Feld-, die Ross-, die Wasser-, die Pfeffer- und die Poleiminze. Die Poleiminze wird als schwach giftig eingestuft, also nicht sammeln. Alle anderen Minzesorten werden bei uns kultiviert.
Bei Unsicherheiten Experten fragen oder auf die Kulturminzen ausweichen.

Lexikon Pastinake und Sauerklee

Pastinake Doldenblütler - zweijährig

Achtung:
Die Pastinake ist ein Doldengewächs! In dieser Gruppe sind auch die tödlich giftigen Schierlingsgewächse und die Hundspetersilie beheimatet. Auf die gelbe Blüte und den angenehmen Duft achten. Bei Unsicherheiten den Experten fragen. Pastinakenwurzeln müssen nicht unbedingt selbst gegraben werden. Es gibt sie in vielen Gemüseläden zu kaufen. Der Saft des Pastinakenstängels kann bei sehr empfindlichen Menschen Hautreizungen hervorrufen!

Wuchshöhe: 30 - 100 cm	**Verwendete Teile in der Küche:** zarte Blätter, Früchte, Blüten, Wurzel
Standort: Wegesränder, Felder, Böschungen, Wiesen, Brachland	**Blüte:** Doppeldolden mit vielen kleinen gelben Blüten, aromatisch duftend
Geschmack: Blüten: aromatisch, leicht süß, Blätter: würzig - leicht bitter, Früchte: scharf, mit besonders würzigem Aroma, Wurzel: lieblich süß, nach Möhre schmeckend	**Sammelzeit:** zarte Blätter: Juli - August, Blüten: Juli, Dolden: kurz vor der Reife der Früchte (trocknen und dann die Samen heraus klopfen) Ende August - Anfang Oktober, Wurzel: August - September
Blattform: einfach gefiedert, mit unregelmäßig gekerbten bis gesägten Abschnitten	**Stängel:** meist einzeln, aufrecht, kantig gefurcht, von der Mitte an ästig
Früchte: breitelliptisch, stark linsenförmig, aromatisch bis scharf	**Überlieferte Wirkung:** gut für Magen, Darm, Nieren, Blase, bei Fieber, Rheuma, Blut reinigend, Schlaf fördernd

Zubereitung:
junge Blätter: fein geschnitten in den Salat oder über die Pastinakensuppe streuen, als Bestandteil von Wildgemüse, in Füllungen
Frucht: als Würzmittel für Saucen, Suppen, Beilagen
Wurzel: für Suppe, Aufläufe, Gemüsebeilage, grillen, karamellisieren
Blüten: Dekoration

Sauerklee (Waldsauerklee): Sauerkleegewächs

Vorsicht:
Wegen des hohen Oxalsäuregehalts bitte sparsam verwenden!

Wuchshöhe: 10 - 30 cm	**Stängel:** aufrecht stehend
Blattform: kleeblattartige, herzförmige Blätter, gegen- oder quirlständig	**Standort:** Nadel- und Laubmischwälder
Blüte: 5 Kronenblätter, weiß - zart rosa, purpur - lila geadert	**Sammelzeit:** April - September
Geschmack: delikat säuerlich	**Verwendete Teile in der Küche:** ganze oberirdische Pflanze

Überlieferte Wirkung:
Harn treibend, Fieber senkend, Blut reinigend

Zubereitung:
für Salate, in Suppen und Saucen, in Füllungen, in Quarkspeisen und in die Wildkräuterbutter, als Beigabe in Getränke

Lexikon Schafgarbe und Scharbockskraut

Schafgarbe
Korbblütler - Staude

Wuchshöhe: 20 - 100 cm	Stängel: aufrecht, behaart, erst im Blütenbereich verzweigt
Blattform: zwei - dreifach gefiedert, schmal, lanzettlich	Standort: Fettwiesen, Weiden, Felder, halbtrockener Sandrasen
Blüte: weiß - rosa Doldenblüten, flach, Röhrenblüten bräunlich grau	Sammelzeit: zarte junge Blätter: März - Mai Blüte: Mai - August gesamtes Kraut: Mai - September
Geschmack: fein herb bis bitter	Verwendete Teile in der Küche: gesamte oberirdische Pflanze

Überlieferte Wirkung:
Mittel bei Frauenbeschwerden, Regelbeschwerden, Wechseljahresbeschwerden, Blasenschwäche, bei Hämorrhoiden, gut für Magen, Galle, Leber, Appetit anregend, zur Wundheilung, abführend, Blut reinigend, Blut stillend, bei Grippe, nach Operationen, Haut klärend, bei Entzündungen im Mundbereich

Zubereitung:
junge Blätter: fein gehackt als Salatbeigabe, in Suppen, als Gemüse, zum Einbacken, für Burgermischungen und Füllungen, für die Kräuterbutter, ganzes Kraut mit Blüte: für die Likörherstellung, Blüte: Tee, Dekoration, als Würzmittel, zum Einbacken, zur Inhalation, als Badezusatz, für Kräuterkissen

Vorsicht:
Menschen, die unter einer Korbblütlerallergie leiden, Pflanze vorsichtig testen oder den Verzehr ganz meiden. Auf manche Menschen wirkt die Schafgarbe phototoxisch. Bei Schwangerschaft vor dem Verzehr den Arzt befragen.

Scharbockskraut
Hahnenfußgewächs (Frühblüher), in großen Gruppen auftretend

Wuchshöhe: 5 - 20 cm	Sammelzeit: Blätter: März - Anfang April
Blattform: klein, herzförmig, glänzend	Blüte: goldgelb, sternförmig
Stängel: niederliegend - aufsteigend	Standort: Auewälder, Laubwälder, Feuchtwiesen, Gebüsch, Parkanlagen
Geschmack: aromatisch, scharf, pfeffrig	Verwendete Teile in der Küche: Blätter

Überlieferte Wirkung:
Blut reinigend, Harn treibend, Haut reinigend, Vitamin C, gut für die „Frühjahrskur“

Zubereitung:
sparsam in den Salat, auf das Butterbrot oder in die Frühjahrskräutersuppe

Vorsicht:
Nur in Maßen genießen! Bei größeren Mengen kann es zu leichten Vergiftungserscheinungen kommen. In der Gattung der Hahnenfußgewächse sind viele schwach bis stark giftige Sorten zu finden.

Lexikon Schaumkraut und Thymian

Schaumkraut

(Wiesen): Kreuzblütler - Staude

Achtung:
Schaumkräuter nur in gut verträglichen Maßen verzehren. Bei großen Mengen kann es zu Magenschleimhautreizungen kommen. Es gibt viele Arten von Schaumkräutern. Sie sind alle essbar. (z.B. Springschaumkraut, behaartes Schaumkraut, Waldschaumkraut)

Wuchshöhe: 10 - 60 cm	**Stängel**: kahl
Standort: Auewälder, Nasswiesen, feuchte Laubmischwälder, Küste, Ufer	**Blüte**: verkehrt eiförmig, vier Kronblätter, weiß rosa - zart lila, gelbe Staubblätter Sprossen: violett - lila, kommen als erstes im zeitigem Frühjahr aus der Erde
Geschmack: Sprossen: sehr scharf, meerrettichartig Blätter, Blüte: milder	**Sammelzeit**: Sprossen: März oberirdische Pflanze: April - Anfang Mai
Blattform: grundständige Blattrosette, kahl, Grundblätter fiedrig, viel größer als die Seitenblättchen, formenreich	**Verwendete Teile in der Küche:** Sprossen, Blätter, Blüte
Überlieferte Wirkung: Blut reinigend, Magen wirksam, gut für die „Frühjahrskur“, Vitamin C	
Zubereitung: feine Sprossen in die Suppe, zum Salat, in das Dressing, zu Saucen, zu Röstkartoffeln, Blätter: zum Einbacken, in Füllungen, an den Salat, in Saucen, in den Kartoffelbrei geben, Blüte: zur Dekoration	

Thymian

(Quendel): Lippenblütler - zweijährig

Wuchshöhe: 5 - 10 cm (kriechend)	**Stängel**: vierkantig, behaart
Blattform: gegenständig, eiförmig	**Standort**: sonnige Wegesränder, Trockenrasen, sonnige Stellen an Gebüschen und Mauern
Blüte: kopfiger oder kurzähriger Blütenstand, zart rosa - violett	**Sammelzeit**: ganze Pflanze (kurz vor der Blüte): Juni - Juli
Geschmack: typisch würziger Thymiangeschmack	**Verwendete Teile in der Küche:** ganze oberirdische Pflanze
Überlieferte Wirkung: Verdauung fördernd, bei Erkältungen, Fieber senkend, Husten lösend, stärkt das Immunsystem, Krampf lösend, antiseptisch, gut bei Nervosität und Konzentrationsschwäche, gut bei Blähungen	
Zubereitung: zum Würzen von Speisen (z.B. Suppen, Aufläufe, Nudel- und Kartoffelgerichte), für Pizzateig, zum Würzen von Saucen und Brotaufstrichen, als Tee, Badezusatz, zum Inhalieren, für das Kräuterkissen	

Lexikon Vogelmiere und Waldmeister

Vogelmiere
Nelkengewächs - einjährig

Wuchshöhe: 10 - 30 cm, oft niederliegend	**Stängel:** aufrecht bis niederliegend
Blattform: gestielt, eiförmig, gespitzt	**Sammelzeit:** ganzjährig
Standort: Wegesränder, Schuttplätze, Felder, Ufer, Gärten, Parkanlagen	**Blüte:** kleine weiße Blüten, bis zum Grund gespalten, 5 Kronenblätter, Staubblätter rötlich - violett
Geschmack: frisch, saftig, etwas gurkig - leicht nussig	**Verwendete Teile in der Küche:** ganze oberirdische Pflanze

Überlieferte Wirkung:
entgiftet sanft, entschlackt, gut für die „Frühjahrskur", Entzündung hemmend, Husten lösend, fördert die Milchbildung, reich an Mineralien und seltenen Spurenelementen, Vitamin C, Gewicht reduzierend

Zubereitung:
als Salatbeigabe, in Wildkräutersuppen, in Füllungen, in Gemüseburgern, zum Ei, in Saucen geben, in die Wildkräutersuppe, als Tinktur

Waldmeister
Rötegewächs - Staude

Wuchshöhe: 10 - 30 cm	**Sammelzeit:** April (vor der Blüte)
Blattform: quirlständig, lanzettlich, spitz, auffälliger Blattnerv	**Blüte:** weiße Blüten, endständig oder in den Achseln der oberen Blätter doldenartig
Stängel: aufrecht, vierkantig, einfach	**Verwendete Teile in der Küche:** oberirdische Pflanze
Geschmack: charakteristisches Waldmeisteraroma, lieblich	**Standort:** Buchenwälder und andere krautreiche Laubmischwälder

Überlieferte Wirkung:
entschlackend, Harn treibend, Schweiß treibend, anregend, gut für den Magen

Zubereitung:
für die Maibowle und für Limonaden, Süßspeisen

Vorsicht:
Der charakteristische Geschmack des Waldmeisters entsteht durch das Cumaringlykosid. Da es in größeren Mengen schädlich wirken kann, nur in geringen Mengen genießen. Waldmeister vor dem Gebrauch kurz anwelken lassen, damit sich sein Aroma entfalten kann. Nicht länger als zwei Stunden in der Bowle ziehen lassen. Wird der Waldmeister zu lange im Getränk belassen, kann es zu starken Kopfschmerzen kommen!

Lexikon Wegericharten und Wiesenknopf

Wegericharten

(Breit-, Mittel-, Spitzwegerich):
Wegerichgewächs - Staude

Achtung:
Alle Wegericharten sind essbar. Auch der Krähenfußwegerich. Er schmeckt delikat bitter. Er wird auch angebaut und ist in manchen Gemüseläden erhältlich. Auf Grund seiner Bitterstoffe ist er für eine gute Verdauung hilfreich.

Wuchshöhe: 10 - 40 cm	**Stängel:** lange, blattlose Stiele
Blattform: Breitwegerich und Mittelwegerich: in Grundrosetten stehend, parallelnervig, breitelliptisch, Spitzwegerich: in Grundrosetten stehend, parallelnervig, lanzettlich	**Blüte:** Breitwegerich und Mittelwegerich: dichte, zylindrische Blütenähre Spitzwegerich: kleine, walzenartige, lang gestielte Ähre oder Köpfchen, Staubbeutel gelb - weißlich, Krone bräunlich
Geschmack: frisch - herb mit einem Geschmack nach „Wiese", Blütenstände knackig, delikat	**Sammelzeit:** das ganze Jahr über, Fruchtstände (vor der Blüte): ab Mai - Juni
Standort: Fettwiesen, Wegesränder, Parkanlagen, Weiden	**Verwendete Teile in der Küche:** Blätter, Fruchtstände

Überlieferte Wirkung:
bei Verletzungen, zum Blut stillen, bei Insektenstichen, bei Blasen an den Füßen oder müden Füßen, bei Verstauchungen, bei Erkrankungen der Atemwege, Husten, Entzündungen des Rachenraumes und Schluckbeschwerden, wirkt antibakteriell, Entzündung hemmend

Zubereitung:
feine junge Stängel in die Suppe, zum Salat, in das Dressing, zu Saucen, zu Röstkartoffeln, Blätter: zum Einbacken, in Füllungen, an den Salat, in Saucen, in den Kartoffelbrei geben, Blüte: zur Dekoration

Wiesenknopf

(großer und kleiner), auch Pimpinelle genannt: Rosengewächs - Staude

Zubereitung:
Blüten: in Salate, als Dekoration
Blätter: in den Salat geben, für Eifüllungen, in Suppen und Saucen, zu Kartoffelgerichten, in Gemüseburger
Wurzel: gründlich säubern, schneiden, in Butter bräunen, salzen (aufwändig, bricht leicht, zum Ausprobieren)

Wuchshöhe: kleiner: 20 - 40 cm, großer: 30 - 90 cm	**Stängel:** kleiner W.: aufsteigend aufrecht, rund bis kantig, stark verzweigt, kahl großer W.: rund - vierkantig, kahl, nach oben ästig
Blattform: kleiner W.: unpaarig gefiedert, großer W.: gefiedert, grob gezähnt, Grundblätter in Rosetten	**Standort:** kleiner W.: Wegesränder, sonnige Magerrasen, Böschungen, großer W.: Feuchtwiesen, Moorwiesen, Gräben
Blüte: kleiner W.: braunrot, kleine kugelige Blütenköpfe, rote Griffel, gelbe Staubbeutel großer W.: braunrot, klein endständiger, dichter, kolbenförmiger Kopf	**Sammelzeit:** Blätter und Blüten: kleiner W.: März - Sep. großer W.: Blüte: Juni - September Blätter: Mai - Anf. Oktober Wurzel: ab August - Oktober
Geschmack: Blätter und Blüten: frisch - gurkig, Wurzel: herb - bitter	**Verwendete Teile in der Küche:** Blätter, Blüten, Wurzel

Überlieferte Wirkung:
Husten lösend, Harn treibend, gut für den Magen, Vitamin C, stärkend

Lexikon wilde Möhre

Wuchshöhe: 30 - 90 cm	**Stängel:** borstig behaart
Blattform: zwei - dreifach gefiedert	**Standort:** Fettwiesen, Magerrasen, Schuttplätze, Wegesränder, Dämme
Sammelzeit: Wurzel: Frühjahr oder Spätsommer, Blätter: ab April Dolden: ab Juli - August Früchte: August - Anfang Oktober	**Blüte:** weiß - cremefarben, Dolden, flach gewölbt, Blütenstand mit einer schwarz - purpurnen „Mohrenblüte" im Zentrum (Bestimmungsmerkmal), Strahlen der Dolde zur Fruchtzeit zusammen neigend, ein „Körbchen" bildend
Geschmack: nach Karotte, angenehm mild, süß, ältere Blätter schmecken auch scharf und herb	**Verwendete Teile in der Küche:** Blätter, Blüte, Früchte, Wurzel
Früchte: länglich, Stachelreihen bildend, beim Zerreiben aromatisch duftend	**Überlieferte Wirkung:** gut für die Verdauung, Vitamin B, C und Provitamin A
Zubereitung: Wurzel: wie Karotten zubereiten, Blätter fein hacken, als Suppen- und Salatbeigabe, in Kartoffelaufläufe und Kartoffelbrei, Blüten: in Pfannkuchenteig ausbacken oder frittieren, Früchte als Würzmittel über die Speisen geben	

wilde Möhre:
Doldenblütler - einjährig

Achtung:
Die wilde Möhre ist ein Doldengewächs. In dieser Gattung wachsen auch die tödlich giftigen Schierlingsgewächse und die Hundspetersilie. (Bestimmungsmerkmal: Mohrenblüte in der Mitte der Dolde, angenehmer Karottenduft beim Zerreiben der Blätter.) Bei Unsicherheiten den Experten fragen.

Lexikon essbare Blüten vor der Haustür

Primel
Stiefmütterchen
Hornveilchen
Duftveilchen
Gänseblümchen
Margerite
Flieder
Lindenblüten
Holunderblüten
Glockenblumen
Wiesensalbei
Stockrosen
Hundsrosen
Malve
Lungenkräuter
Nachtkerzen
Odermennig
Königskerzen
Wegwarten
Weidenröschen
Kuckuckslichtnelke
Vergissmeinicht
Ehrenpreis
Kleeblüten
Mädesüß
Wiesenknöterich
Huflattichblüten
Kresseblüten
Kapuzinerkresse
Kamillenblüten
Perlagonie
Rapsblüten

Dahlien
Kornblumen
Borretschblüten
Taglilien
Lavendel
Sonnenblumen
Ringelblume
Goldruten
Topinamburblüten
Zucchiniblüten
Sauerkleeblüten
Springkrautblüten
Gierschblüten
Wilde Möhrenblüte
Wiesenkümmelblüte
Labkrautblüten
Schlehenblüten
Brombeerblüten
Himbeerblüten
Apfelblüten
Kirschblüten
echte Dostblüten
Blutweiderichblüten
Edelgamanderblüten
Heilziestblüten
Tagetesblüten (Studentenblume)
Johanniskrautblüten
Gladiolen
Storchenschnabelblüten
Nelkwurzblüten
Klatschmohnblüten
Wiesenknopfblüten

Lexikon Giftige Pflanzen

Stark giftig:
Adonisröschen
Alraune
Aronstab
Bärenklau (Herkulesstaude)
(stark phototoxisch, stark hautätzend)
Bilsenkraut (schwarzes)
Buchsbaum
Christrose
Eibe (außer roter Fruchtmantel)
Eisenhut (gelber und blauer)
Engelstrompete
Fingerhut
Germer (weißer)
Goldregen
Giftlattich
Lebensbaum (Thuja)
Lupinen
Maiglöckchen
Schlafmohn
Pfaffenhütchen
Rittersporn
Schierling (gefleckter/ Wasserschierling)
Seidelbast
Stechapfel
Tollkirsche
Herbstzeitlose

Giftig:
Akelei
Besenginster
Buschwindröschen
Christophskraut
Efeu
Hahnefuß
Greiskräuter
kleines Immergrün
Holunder (außer Blüte, getrocknete
oder gekochte Früchte)
Hundspetersilie
Kirschlorbeer
Krokus
Kronwicke (bunte)
Lerchensporn (hohler)
Küchenschellen
Liguster
Nachtschatten
Narzisse (gelbe)
Osterluzei
Rainfarn
Rhododendron
Robinie (außer Blüte)
Salomonssiegel (Weißwurz)
Schwertlilie
Wolfsmilcharten

Bei den giftigen Pflanzen variiert der Giftgehalt der Pflanze. Viele werden in kundiger Hand zu heilsamen Arzneien. Für alle Laien gilt, diese Pflanzen unbedingt meiden!
Es empfiehlt sich, die Küche mit einigen wohlbekannten Wildkräutern zu bereichen.

Diese reichen für einen leckeren, vielgestaltigen Speiseplan völlig aus. Wer neue Kräuter hinzufügen möchte, sollte lieber einen Kräuterkurs besuchen, um ganz sicher zu gehen.

Lexikon Schlusswort

Das ist eine kleine Auswahl essbarer Wildpflanzen. Bei der Zubereitung habe ich mich auf meine eigenen Erfahrungen beschränkt. Es gibt sehr gute Wildkräuterbücher auf dem Markt, die meine Auswahl und meine Erfahrungen ergänzen und erweitern. Bei Interesse an Wildpflanzen empfiehlt es sich, einige gute Nachschlagewerke zu kaufen und / oder ein Wildkräuterseminar zu besuchen. Manche Pflanzen kann man nur zweifelsfrei in der Natur bestimmen und Kräuterkundige können viele interessante Tipps geben.

Bei der Auflistung der Heilwirkungen der Pflanzen habe ich eigene Erfahrungen, Erfahrungsberichte Heilkundiger und überliefertes Wissen aus einschlägiger Literatur benutzt. Trotz besten Bemühens und sorgfältiger Arbeit kann ich keine Gewähr und Haftung für die Richtigkeit der Angaben geben, denn ich bin keine Ärztin, Heilpraktikerin oder Apothekerin. Ich bitte Sie, bei der Benutzung von Wildkräutern zu Heilzwecken immer erst einen Arzt oder Heilpraktiker oder einen Apotheker zu befragen.

Das gleiche gilt beim Verzehr der Pflanzen, wenn Medikamente eingenommen werden, Allergien oder Zweifel bestehen.

Wildpflanzen sind wunderbare, uns unterstützende Begleiter, die unser Leben bereichern können. Aber wie bei allen Dingen im Leben ist es wichtig, sie verantwortungsvoll zu gebrauchen.

Quellen

Bildatlas der Farn- und Blütenpflanzen Deutschlands
Hennig Haeupler, Thomas Muer
2. korrigierte und erweiterte Auflage 2007
Bundesamt für Naturschutz Eugen Ulmer Verlag KG Stuttgart (Hohenheim)

Heilpflanzen GU Naturführer
Dieter Podlech
Gräfe und Unze Verlag GmbH
München 1987

Essbare Wildbeeren und Wildpflanzen
Detlev Henschel
Franck- Kosmos- Verlags- GmbH & Co. KG, Stuttgart, 1.Auflage 2002

Mit Eva Aschenbrenner durchs Wildkräuterjahr
Eva Aschenbrenner
Kosmos Verlag
Verlag Aschenbrenner 2005

Sonnenhell - Seelizin
Licht als Überlebensmittel
Karl Lutschitsch
Himmelschlüssel - Verlag
1. Auflage 2007

Notizen

Notizen

Notizen

Notizen

Notizen

Notizen

Notizen

im Himmelschlüssel-Verlag bereits erschienen:

Größe: 16,8 x 24 cm,
196 Seiten, illustriert
ISBN 978-3-89539-912-1

Da haben sich Himmel und Erde geküsst
von Antara Raiy Frei

Das Buch ist ein Kunstwerk - die Künstlerin und Autorin hat ihre Talente zu malen und zu schreiben darin vereint. In ihren Märchen und Texten nimmt uns die Autorin mit, auf der uns 15 verschiedene Pflanzen ihr tiefes Wesen offenbaren. Liebevoll, kraftvoll und mit einem Augenzwinkern laden sie uns ein, nicht nur die Fülle, Vielgestaltigkeit und Schönheit der Natur zu erleben und zu genießen, sondern uns auch selbst als ein Teil jenes Wunders zu erleben, das sich in der Weisheit und stillen Schönheit der Natur offenbart. Die wunderschönen Zeichnungen der Pflanzen und Pflanzendevas geben dem Buch seinen besonderen Reiz. Außerdem gibt es einen Anhang mit praktischen Hinweisen zur Verwendung der Pflanzen in unserem Alltag, überlieferte Heilwirkungen und den wichtigsten Wirkstoffen der Pflanzen.

Sonnenhell - Seelizin - Licht als Überlebensmittel
von Karl Lutschitsch

Größe: A5 - 94 Seiten,
grafisch bunt gestaltet
ISBN: 978-3-9502245-3-5

Der Natur- und Wesensforscher Karl Lutschitsch ist Begründer der Soleopathie, Lebenslehrer und Heilkundiger.
Er harmonisierte mit Sonnenlicht und Pflanzenkräften und erfühlte Disharmonien mittels Pulsdiagnose. Karl Lutschitsch wußte nicht nur viel über die Heil- und Erhellkraft des Sonnenlichtes, er lebte sie auch. Eines seiner größten Anliegen war es, andere dabei zu unterstützen, dass sie mindestens so weit kommen, und so viel wissen, wie er. Dieses Anliegen durchzieht dieses Buch.
Warum ist Sonnenlicht so wichtig für unsere körperliche und geistige Gesundheit und Entwicklung. Wie fange ich nun die Sonne ein und mache sie dem menschlichen System verfügbar? Wie wirken die soleopathisch hergestellten Pflanzenmittel auf den Körper und die Psyche? Wenn sie diese Fragen beantwortet haben möchten, lesen sie dieses Buch!

Talent-Apotheke Gottes
von Karl Lutschitsch

In diesem Buch nimmt uns der Natur- und Wesensforscher mit auf eine spirituelle Reise durch die wunderbare Welt der Pflanzen. Wir lernen die Flora von ihrer bislang unentdeckten Seite kennen, als feinstoffliche Gemütsaufheller, die uns Menschen ihre harmonisierenden Talente gerne zur Verfügung stellen, vorausgesetzt wir sind bereit, dieses Geschenk anzunehmen. Die einzelnen Blüten werden beschrieben, mit den jeweiligen Musterprägungen, woher sie kommen und mit welchem Talent die Pflanze wirken kann.

Handbuch, Größe A5,
70 Seiten, illustriert
ISBN: 978-3-9502245-0-4

Soleopathie

nach Karl Lutschitsch

26 Seiten illustriert, Größe 21x15 cm

ISBN 978-3-8953991-6-9

Die Idee der Soleopathie hatte Karl Lutschitsch schon sehr lange, aber wie er sagte braucht alles seine Zeitqualität, also den rechten Augenblick. Mögen die Menschen diese genial einfache Idee zu ihrem Wohle entdecken.

Was ist Soleopathie? Wie wende ich sie an? Diese und ähnliche Fragen werden vom Begründer der Soleopathie Karl Lutschitsch in dieser Broschüre beantwortet.

Alle Produkte der Soleopathie haben als Trägerstoff besonnte Sole! Eine Beschreibung von Mineralsole, Florasole, Soleopathika und Edelsteinsole ist ebenfalls zu finden.

Mineralstoffe von Susanne Flintsch

die Lebenssalze nach Dr. Schüßler

In diesem hilfreichen Ratgeber zum Thema Mineralstoffe beschreibt Susanne Flintsch die Lebenssalze nach Dr. Schüßler. Sie hat langjährige Erfahrung damit und das Talent, ihre Erfahrung in einer sehr verständlichen Sprache zu vermitteln.

Größe: A5, 52 Seiten

Karten-Sets

Passend zu dem Buch Sonnenhell-Seelizin gibt es auch ein Kartenset. Jede Karte zeigt eine Pflanze mit der dazugehörigen Beschreibung und Anwendungsempfehlung auf der Rückseite.

Inhalt: 33 Karten, Größe je 10x15cm

ISBN: 978-3-9502245-2-8

Passend zu dem Buch Talentapotheke Gottes gibt es auch das Kartenset. Die Karten sind in Form von Liebesbriefen der Blüten an den Menschen geschrieben und bieten die Möglichkeit des intuitiven Ziehens der Karten.

64 Blütenkarten, Größe 10x15 cm

ISBN: 978-3-9502245-1-1

Musik CD`s

von und mit Karl & Gertraud Lutschitsch

CD - Ich bin die Sonne
(Spieldauer: 52 min.)
ISBN 978-3-8953991-3-8

Text: Antara Raiy Frei

Single CD - In Liebe
(Spieldauer: 5 min.)
ISBN 978-3-8953991-5-2

CD - Mein Weg führt mich zu Dir
(Spieldauer: 47,14 min.)
ISBN 978-3-8953991-4-5